身内が亡くなったときの届出と相続手続き

相続手続支援センター 編著

日本実業出版社

まえがき

　私たち相続手続支援センターにいらっしゃる遺族のみなさんは、異口同音に「私は何をいつまでにしたら良いのですか？」と質問されます。どんな届出・手続きがあって、期限がいつまでかをご存知ないのですから当然です。

　知らずに手続きをしないで放置すると時効になったりして、思いもよらぬ経済的損失を招くことがあります。
　そこで、「そのような人を１人でも少なくしたい…」との思いで、私たちが今まで経験してきた108種類の手続きと５万件を超すサポートから得たノウハウを、余すところなく本書に記載しました。

　本書では、まず、相続で確認すべき108種類の手続きについてチェックリストを示し、その具体的な方法と必要書類を解説しています。もちろん、お住まいの地区や財産内容によって、使われる書類の名称や手続き方法に差異はあると思いますが、最大公約数として基本的な考え方を示しています。
　読者のみなさんにとって、本書が相続手続きの理解を深めるとともにスムーズな届出の一助になれば幸いです。

　本書の発行にあたり、全国の相続手続支援センターに多大なるご協力をいただきました。この場をお借りして感謝申し上げます。

2015年８月　　　　　　　　　　　　　　編者代表　中村　修一

＊本書の内容は2017年６月１日現在の法令等に基づいています。

◎108のチェックリスト◎

> 「該当」するかチェックして、手続きが「完了」したら「○」をします。

第1章▶相続手続きで、はじめに行うこと

No.	届出・手続きの内容	届出先・手続き先等	該当	完了
1	相続人の調査と確定	市区町村役場		
2	相続財産の調査と確定（預金・不動産などの遺産）	市区町村役場等		
3	遺言書の有無の確認	（公証役場）		
4	遺言書の検認・開封	家庭裁判所		
5	遺産分割協議の実施	法定相続人間で		
6	遺産分割協議書の作成	法務局・税務署等		
7	相続放棄・限定承認の申立て	家庭裁判所　**3か月以内**		
8	遺産分割の調停・審判	家庭裁判所		

第2章▶亡くなったら、すぐに行うこと

No.	届出・手続きの内容	届出先・手続き先等	該当	完了
9	「死亡届」の提出	市区町村役場　**7日以内**		
10	「死体火（埋）葬許可申請書」の提出	市区町村役場　**7日以内**		
11	「世帯主変更届」の提出	新世帯主の住所地の市区町村役場　**14日以内**		

第3章▶役所関係への手続き1

No.	届出・手続きの内容	届出先・手続き先等	該当	完了
12	「児童扶養手当認定請求書」の提出	住所地または本籍地の市区町村役場		
13	「復氏届」の提出	住所地または本籍地の市区町村役場		
14	「姻族関係終了届」の提出	住所地または本籍地の市区町村役場		
15	「改葬許可申請書」の提出	旧墓地の市区町村役場		
16	営業免許等、許認可の変更届	許認可の官庁　**3か月以内**		
17	印鑑証明カードの返却	住所地の市区町村役場		
18	住民基本台帳カードの返却	住所地の市区町村役場		
19	国民健康保険証の返却	住所地の市区町村役場　**14日以内**		
20	介護保険の保険証の返却	住所地の市区町村役場　**14日以内**		
21	パスポートの返却	パスポートセンター		
22	シルバーパスの返却	住所地の市区町村役場		
23	高齢者福祉サービスの停止	住所地の市区町村役場		
24	身体障害者手帳・療育手帳などの返却	住所地の市区町村役場		
25	農地法の届出	市区町村の農業委員会		

26	森林法の届出	市区町村の農政課等		
27	鉄砲刀剣類の登録変更	都道府県教育委員会		

第4章 ▶ 役所関係への手続き2

No.	届出・手続きの内容	届出先・手続き先等	該当	完了
28	高額療養費の請求	国民健康保険・協会けんぽ・健保組合		
29	高額介護サービス費の請求	市区町村役場		
30	①遺族基礎年金、②寡婦年金、③死亡一時金、④未支給年金の請求	年金事務所等		
31	遺族共済年金の請求	各共済組合　**5年以内**		
32	故人が共済組合に加入していたときの埋葬料の請求	各共済組合　**2年以内**		
33	故人が国民健康保険に加入していたときの葬祭費の請求	市区町村役場　**2年以内**		
34	故人が組合健保・協会けんぽに加入していたときの埋葬料・家族埋葬料の請求	年金事務所・健保組合　**2年以内**		
35	遺族厚生年金の請求	年金事務所等　**5年以内**		
36	葬祭料・遺族補償年金の請求	労働基準監督署　**5年**		

第5章 ▶ 勤務先・会社関係への手続き

No.	届出・手続きの内容	届出先・手続き先等	該当	完了
37	死亡退職金・最終給与の受取り	勤務先		
38	健康保険証の返却	勤務先		
39	団体弔慰金の受給	勤務先・団体事務局		
40	役員から法人への貸付金の引継ぎ	会社		
41	自社株式の名義変更	会社		
42	会社役員変更登記	法務局　**14日以内**		

第6章 ▶ 日常生活上の手続き

No.	届出・手続きの内容	届出先・手続き先等	該当	完了
43	運転免許証の返納	最寄りの警察署		
44	自動車・軽自動車の名義変更	陸運局・軽自動車検査協会		
45	自動車税の納税義務者の変更	都道府県税事務所・市税事務所		
46	自動車保険の名義変更	保険会社		
47	墓地の名義変更	墓地管理者		
48	クレジットカードの退会	クレジット会社		

No.	届出・手続きの内容	届出先・手続き先等	該当	完了
49	互助会積立金の名義変更	互助会運営会社		
50	固定電話の承継・解約	NTTなど		
51	携帯電話の解約	携帯電話会社		
52	衛星テレビ・ケーブルテレビの継続（解除）	衛星・ケーブルテレビ会社		
53	特許権の移転登録	特許庁		
54	音楽・書籍等の著作権の引継ぎ	JASRAC等著作権管理団体		
55	貸付金の取扱い	貸付先		
56	借入金の返済	債権者		
57	ゴルフ会員権の名義変更	ゴルフ場		
58	デパート会員証・積立ての解約・引継ぎ	デパート		
59	フィットネスクラブの退会手続き	フィットネスクラブ		
60	航空会社のマイレージの引継ぎ	航空会社		
61	JAF会員証の返納	JAF		
62	パソコン・インターネット会員の手続き	プロバイダー会社		
63	老人会会員証の返還	老人会		
64	パチンコ貯玉カードの解約	パチンコ店		
65	リース・レンタルサービスの解約・継続	リース会社等		
66	IC乗車券の解約	運営会社		

第7章 ▶ 金融機関・保険会社への手続き

No.	届出・手続きの内容	届出先・手続き先等	該当	完了
67	預貯金の口座・キャッシュカード（銀行・信金・信組・農協）の取扱い	銀行・信金・信組・農協		
68	貸金庫（銀行・信金・信組）の解約	銀行・信金・信組		
69	出資金（信金・農協・生協・森林組合）の払戻し	信金・農協・生協・森林組合		
70	公共料金の引き落とし口座の変更	金融機関		
71	銀行等からの借入金の取扱い	銀行・信金・信組・農協等		
72	カードローンの取扱い	銀行・信金・農協・ローン会社		
73	公営ギャンブルの電話投票権の解約（JRAなど）	JRAなど		
74	生命保険付住宅ローンの有無の確認	金融機関		
75	株式・債券の引継ぎ	信託銀行・証券会社		
76	投資信託等有価証券の引継ぎ	証券会社等		
77	単元未満株・未電子化株式の引継ぎ	信託銀行・証券会社		
78	未収配当金の受取り	信託銀行・証券代行会社		
79	弔慰金国債の引継ぎ	ゆうちょ銀行・総務省		
80	生命保険の手続き	生命保険会社　**3年以内**		
81	簡易生命保険の手続き	保険窓口のある郵便局　**5年以内**		

| 82 | 入院給付金の請求 | 生命保険会社 **3年以内** | | |
| 83 | 家屋の火災保険の名義変更 | 損害保険会社 | | |

第8章 ▶ 住居・不動産関係の手続き

No.	届出・手続きの内容	届出先・手続き先等	該当	完了
84	借地・借家の名義変更	地主・家主		
85	賃貸住宅の名義変更	家主・不動産管理会社		
86	市営・都営・県営住宅の契約の承継	住宅供給公社		
87	相続登記の申請	法務局		
88	抵当権抹消登記の申請	法務局		
89	未登記家屋の登録者名義の変更	市区町村の資産税課		
90	建物表題登記の申請	法務局		
91	所有権保存登記の申請	法務局		
92	固定資産税納税者代表選定の届出	市町村の固定資産税課		
93	建物滅失登記の申請	法務局		
94	分筆登記の申請	法務局		
95	土地の境界確定	法務局		

第9章 ▶ 税務署関係の手続き

No.	届出・手続きの内容	届出先・手続き先等	該当	完了
96	所得税の準確定申告	税務署長 **4か月以内**		
97	医療費控除の還付請求	税務署長		
98	個人事業の廃業届	税務署長 **1か月以内**		
99	相続税の申告	税務署長 **10か月以内**		
100	障害者控除対象者認定	市区町村役場 **準確定申告までに**		

第10章 ▶ 裁判所関係の手続き

No.	届出・手続きの内容	届出先・手続き先等	該当	完了
101	遺言執行者の選任	家庭裁判所		
102	遺言内容の執行	各種手続先		
103	裁判外での協議	法定相続人間で		
104	遺留分減殺請求	相手方相続人等 **侵害を知って1年以内**		
105	子の氏の変更許可申立て	家庭裁判所・市区町村役場		
106	成年後見人の選任	家庭裁判所		
107	特別代理人の選任	家庭裁判所		
108	失踪宣告の申立て	家庭裁判所		

身内が亡くなったときの届出と相続手続き
もくじ

まえがき

108のチェックリスト

第1章 相続手続きで、はじめに行うこと

▶▶▶ 相続手続きはこう進む！　16

1 相続人の調査と確定 …… 18
2 相続財産の調査と確定（預金・不動産などの遺産）…… 20
　コラム 公正証書遺言ノススメ　23
3 遺言書の有無の確認 …… 24
4 遺言書の検認・開封 …… 26
5 遺産分割協議の実施 …… 30
6 遺産分割協議書の作成 …… 32
7 相続放棄・限定承認の申立て …… 33
8 遺産分割の調停・審判 …… 38
　コラム できるところから手続きを始めるのはお勧めしません　40

第2章 亡くなったら、すぐに行うこと

▶▶▶ 葬儀までの手続きは葬儀社が手伝ってくれることが多い　42

9　「死亡届」の提出 …………………………………………… 43

10　「死体火（埋）葬許可申請書」の提出 ……………… 46

11　「世帯主変更届」の提出 ………………………………… 48

　　コラム 戸籍で相続人を確定するのは困難？　49

第3章 役所関係への手続き　1

▶▶▶ 戸籍や国民健康保険の手続きなどは市区町村役場で　54

12　「児童扶養手当認定請求書」の提出 ………………… 55

13　「復氏届」の提出 ………………………………………… 58

14　「姻族関係終了届」の提出 …………………………… 60

15　「改葬許可申請書」の提出 …………………………… 62

16　営業免許等、許認可の変更届出 ……………………… 64

17　印鑑証明カードの返却 ………………………………… 66

18　住民基本台帳カードの返却 …………………………… 67

　　コラム 住基カード・パスポート・運転免許証は返却が必要？　69

19　国民健康保険証の返却 ………………………………… 70

CONTENTS

20	介護保険の保険証の返却	72
21	パスポートの返却	74
	コラム パスポートは世界で通用する身分証明書　74	
22	シルバーパスの返却	75
23	高齢者福祉サービスの停止	76
	コラム 自治体によっては独自の高齢者福祉サービスがある　76	
24	身体障害者手帳・療育手帳などの返却	77
	コラム 身体障害者手帳とは？　療育手帳とは？　77	
25	農地法の届出	78
26	森林法の届出	79
27	鉄砲刀剣類の登録変更	80

第4章 役所関係への手続き　2

▶▶▶ 年金は、最初に加入制度を把握する　82

28	高額療養費の請求	84
29	高額介護サービス費の請求	85
30	①遺族基礎年金、②寡婦年金、③死亡一時金、④未支給年金の請求	86
31	遺族共済年金の請求	90
32	故人が共済組合に加入していたときの埋葬料の請求	91

33	故人が国民健康保険に加入していたときの葬祭費の請求	92
34	故人が組合健保・協会けんぽに加入していたときの埋葬料・家族埋葬料の請求	93
35	遺族厚生年金の請求	95
36	葬祭料・遺族補償年金の請求	97

第5章 勤務先・会社関係への手続き

▶▶▶	勤務先の福利厚生制度によって支給されるものもある	102
37	死亡退職金・最終給与の受取り	103
38	健康保険証の返却	104
39	団体弔慰金の受給	105
40	役員から法人への貸付金の引継ぎ	106
41	自社株式の名義変更	107
42	会社役員変更登記	108

第6章 日常生活上の手続き

▶▶▶ 窓口で応対する人が相続に詳しいとはかぎらない！ 110

- 43 運転免許証の返納 …………………………………… 111
- 44 自動車・軽自動車の名義変更 ……………………… 112
- 45 自動車税の納税義務者の変更 ……………………… 115
- 46 自動車保険の名義変更 ……………………………… 116
- 47 墓地の名義変更 ……………………………………… 117
- 48 クレジットカードの退会 …………………………… 118
- 49 互助会積立金の名義変更 …………………………… 119
- 50 固定電話の承継・解約 ……………………………… 120
- 51 携帯電話の解約 ……………………………………… 122
- 52 衛星テレビ・ケーブルテレビの継続（解除） …… 123
- 53 特許権の移転登録 …………………………………… 124
- 54 音楽・書籍等の著作権の引継ぎ …………………… 125
- 55 貸付金の取扱い ……………………………………… 126
- 56 借入金の返済 ………………………………………… 127
- 57 ゴルフ会員権の名義変更 …………………………… 128
- 58 デパート会員証・積立ての解約・引継ぎ ………… 129
- 59 フィットネスクラブの退会手続き ………………… 130
- 60 航空会社のマイレージの引継ぎ …………………… 131
- 61 ＪＡＦ会員証の返納 ………………………………… 132

62	パソコン・インターネット会員の手続き	133
63	老人会会員証の返還	134
64	パチンコ貯玉カードの解約	135
65	リース・レンタルサービスの解約・継続	136
66	ＩＣ乗車券の解約	137

コラム 法定相続情報証明制度　138

第7章 金融機関・保険会社への手続き

▶▶▶ 金融機関の取引記録も重要な情報になる！　140

67	預貯金の口座・キャッシュカード（銀行・信金・信組・農協）の取扱い	141
68	貸金庫（銀行・信金・信組）の解約	144
69	出資金（信金・農協・生協・森林組合）の払戻し	145
70	公共料金の引き落とし口座の変更	147

コラム 公共料金の引き落とし口座はどの口座がいい？　148

| 71 | 銀行等からの借入金の取扱い | 150 |

コラム 借金は額がわかるまで「払う」と言わない　151

72	カードローンの取扱い	152
73	公営ギャンブルの電話投票権の解約（JRAなど）	153
74	生命保険付住宅ローンの有無の確認	154

コラム 団信のおつり　155

75	株式・債券の引継ぎ	156
76	投資信託等有価証券の引継ぎ	158
77	単元未満株・未電子化株式の引継ぎ	160
78	未収配当金の受取り	162
79	弔慰金国債の引継ぎ	164
80	生命保険の手続き	165
81	簡易生命保険の手続き	167
82	入院給付金の請求	169
83	家屋の火災保険の名義変更	170

第8章 住居・不動産関係の手続き

▶▶▶ 土地には4つの価格がある　172
▶▶▶ 相続人が故人の不動産を把握するのは難しい　172

84	借地・借家の名義変更	173
85	賃貸住宅の名義変更	174
86	市営・都営・県営住宅の契約の承継	175
87	相続登記の申請	176
88	抵当権抹消登記の申請	178
89	未登記家屋の登録者名義の変更	179
90	建物表題登記の申請	180

91	所有権保存登記の申請	182
92	固定資産税納税者代表選定の届出	183
93	建物滅失登記の申請	184
94	分筆登記の申請	185
95	土地の境界確定	187

コラム マイナンバー制度と相続手続き　188

第9章　税務署関係の手続き

▶▶▶ "餅は餅屋"──相続税は経験豊富な税理士に　190

96	所得税の準確定申告	191
97	医療費控除の還付請求	193
98	個人事業の廃業届	194
99	相続税の申告	197
100	障害者控除対象者認定	200

CONTENTS

第10章 裁判所関係の手続き

▶▶▶ 争いがなくても裁判所のお世話になることもある　204

101 遺言執行者の選任 …………………………… 205
102 遺言内容の執行 …………………………… 208
103 裁判外での協議 …………………………… 209
104 遺留分減殺請求 …………………………… 210
105 子の氏の変更許可申立て …………………………… 211
106 成年後見人の選任 …………………………… 212
107 特別代理人の選任 …………………………… 214
108 失踪宣告の申立て …………………………… 215

コラム 消えた高齢者の相続権　216

索引　217

相続手続支援センターの一覧　220

カバーデザイン／吉村朋子
編集協力／友楽社
本文ＤＴＰ／一企画

第1章

相続手続きで、はじめに行うこと

相続手続きはこう進む！

　身近な人が亡くなったときの届出・手続きは、次ページ図のフローに従うことでスムーズに完了することができます。ですから、まず、この図をご理解ください。

①法定相続人の確定
　亡くなった人（「被相続人」といいます）の出生から死亡までの連続した戸籍を取得し、法定相続人が誰になるのかを確認します。被相続人の戸籍謄本（何通にもなります）と相続人の戸籍謄本は、その後の手続きでは必ず使用する証明書類なので、必ず1セットは用意することになります。

②相続財産の確定
　被相続人の財産をすべて洗い出し、相続の対象財産を確定します。不動産、預貯金、有価証券、自動車、書画骨董などプラスの財産と借金や未払金といったマイナスの財産をすべて財産目録という形でまとめていきます。マイナスが多い場合は、相続放棄を検討することになりますが、ここではプラスの財産が多く、相続することを前提に話を進めます。

③遺言書の有無の確認
　被相続人が遺言書を書いていたかどうかを確認します。有効な遺言書があったら、④、⑤の遺産分割協議等の手続きをせずに遺言書の指示に従った相続手続きをすることになりますが、①、②についてはすべての人が行います。

④遺産分割協議
　相続人と相続財産がわかったら、誰が何を相続するのかを、法定相続人全員で話し合いによって決めていきます（有効な遺言書がない場合や遺言書に書かれている対象財産が一部だった場合なども同様です）。

⑤遺産分割協議書の作成
　遺産分割協議で法定相続人全員の合意ができたら、遺産分割協議書を

作成します。遺産分割協議書はその後の手続きに添付するので、確実に記載していきます。法定相続人全員で署名と実印の押印をして印鑑証明書を添付することで完成します。

⑥遺産分割協議書または遺言書に従った相続手続き
　具体的な相続手続きを行っていきます。

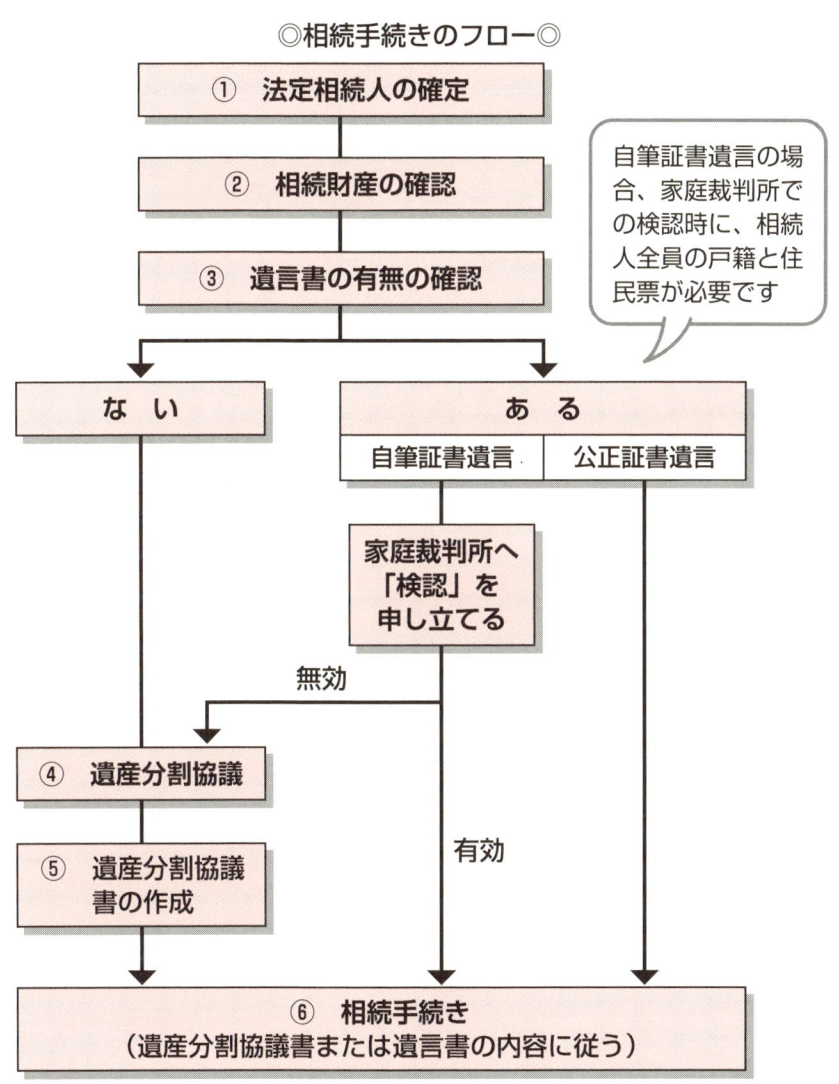

◎相続手続きのフロー◎

1 相続人の調査と確定

> **いつまでに** 死亡後すみやかに
> **どこへ** 被相続人、相続人の本籍のある市区町村役場

📄 法定相続人を確定する

　故人（被相続人）の法定相続人となる人を、戸籍によって確定します。

　被相続人については、出生から死亡まで一日の切れ間もないように複数の連続した戸籍をすべて取得します。戸籍には有効期間によって複数の呼び方があり、冊子が変わるので、独身だった人でも5～7冊程度の戸籍が発行されることになります。

　ちなみに、現在有効なものを「**戸籍**」といいます。戸籍に記載されている人全員が結婚や死亡などにより除かれてしまったものを「**除籍**」、法務省令などの法令で戸籍の改製が指示され、その改製の原本となり改製によって有効期間が満了したものを「**改製原戸籍**」と呼びます。

　すべて戸籍の種類ですが、その成り立ちにより呼び名が変わります。

　被相続人の出生から死亡までの戸籍がすべて集まったら、その記載内容を確認し、法定相続人の確定をします。

　法定相続人とは、まず、①被相続人の配偶者、②被相続人の子（第1順位の相続人）が該当します。

　故人に子がいなければ、③被相続人の直系尊属（父母、祖父母など、第2順位の相続人という）が相続人となります。

　第1順位の相続人、第2順位の相続人が誰もいない場合は、被相続人の兄弟姉妹（第3順位の相続人という）が相続人となります。

　その相続人の中で、被相続人よりも先に亡くなっている人がいれば、その人についても出生から死亡までの戸籍を取得します。

　たとえば、夫婦と息子2人の4人家族で、夫が亡くなった場合を想定します。

　通常は、妻と長男、次男の3人が法定相続人となります。長男が父よ

りも早く亡くなっているときは、長男の相続権はその子に受け継がれます（「代襲相続」といいます）。

被相続人の父について、出生から死亡までの戸籍を取得するとともに、長男の出生から死亡までの戸籍を取得し、長男の子（直系卑属）にあたる人を特定します。

手続き方法

被相続人の死亡時の本籍地のある市区町村役場で、最後（死亡記載）の戸籍からさかのぼることができるものまで発行してもらいます。その一番古い戸籍の記載を確認して、その前はどこの市区町村役場に請求すればよいかを確認します。

戸籍等を発行できるのは、本籍地を管轄する市区町村役場なので、本籍を何度か変更（「転籍」といいます）している場合は、複数の役場から発行してもらうことになります。

管轄の役場が遠方の場合には、郵送で請求することも可能です。詳しくは、各役場のホームページなどで請求方法を確認し、郵便局で発行される定額小為替を代金として同封します。

死亡時からさかのぼって出生の戸籍がそろうまで、この作業を繰り返していきます。

被相続人の戸籍がすべて集まったら、その記載により法定相続人となる人の戸籍謄本を取得します。

その法定相続人の中で亡くなっている人があれば、その人の出生から死亡までの戸籍を再度取得することになります。この作業を繰り返していき、戸籍によって法定相続人を確認します。

ここで集めた戸籍は、その後の手続きにおいて、相続人確認のための添付資料として原本を提出することになります。

必要書類等

☐ 戸籍等の発行申請書
☐ 戸籍請求者の身分証明書（運転免許証やパスポート等）
☐ 定額小為替（郵送請求の場合）

2 相続財産の調査と確定
（預金・不動産などの遺産）

いつまでに ▷ 死亡後すみやかに（概ね1か月程度で）
どこへ ▷ 市区町村役場・法務局・金融機関等

📄 相続税法上の財産一覧を先に作成する

　相続の対象となる財産の一覧表を作成します。
　基本的には、被相続人が死亡日時点で所有していた財産、権利とともに、借金などの義務を調べていきます。
　この際に注意すべき点は、民法の規定に従って分割の対象となる財産の一覧（本来財産）と、相続税法の規定に従って相続税の課税対象となる財産の一覧（課税財産・みなし相続財産）とでは、項目や評価額が変わってくることです。
　より財産の範囲が広範になる相続税法上の財産一覧を作成したうえで、相続財産について検討することをお勧めします。

📄 手続きに必要な書類

　公の書類で確認できるものはその書類を取得し、それ以外のものは財産の所在とその価値（評価額）がわかるようにします。
＜土地＞
　固定資産税の評価額等証明書（→不動産所在地の市区町村の固定資産税課）、登記簿謄本または登記事項全部証明書（→法務局）、地図公図（→法務局）、路線価表（→税務署または国税庁のホームページ）
＜家屋・建物＞
　固定資産税の評価額等証明書（→不動産所在地の市区町村の固定資産税課）、登記簿謄本または登記事項全部証明書（→法務局）
＜有価証券＞
　証券会社の運用報告書（→証券会社）、株式会社の配当通知書（→名簿管理会社）など

＜預貯金＞

　通帳の記載の確認、残高証明書・入出金明細書（金融機関発行のもの）など

＜生命保険＞

　保険証券、支払通知書など

　その他には、自動車（再取得価格で評価）、貴金属類（時価で評価）、書画骨董（時価で評価）、借金残高、貸付残高などが財産一覧の対象となります。

 必要書類等

【役所が発行する証明書の場合】
- □ 被相続人と相続人の関係がわかる戸籍謄本
- □ 相続人の身分証明書（運転免許証やパスポート等）

【金融機関等が発行する証明書の場合】
- □ 被相続人と相続人の関係がわかる戸籍謄本
- □ 相続人の実印
- □ 印鑑証明書

◎財産目録の例◎

分類	細目	所在場所等	数量	単価	固定資産税評価額	倍数	持分	評価額
不動産	宅地	新宿区西新宿6丁目〇番〇号	82.08㎡	420,000円	円			34,473,600円
	山林	岐阜県中津川市〇〇〇〇番地	378.00㎡	円	2,763円	41		113,283円

分類	細目	所在場所等	家屋番号	数量	固定資産税評価額	倍数	持分	評価額
不動産	自用家屋	新宿区西新宿6丁目〇番〇号	328番	52.09㎡	376,524円			376,524円
	自用家屋	新宿区西新宿6丁目〇番〇号	329番	12.67㎡	23,648円			23,648円

分類	細目	利用区分・銘柄等	所在場所等	数量	単価	評価額
有価証券	株式・出資	〇〇〇株式会社	□□証券	100株	7,203円	720,300円
	株式・出資	株式会社△△△	□□証券	1,000株	701円	701,000円
	証券投資信託・貸付信託	〇〇MRF	□□証券	23,456口	1円	23,456円
	証券投資信託・貸付信託	グローバルソブリンオープン	□□証券	1,234,567口	5,275円	651,234円
	公債・社債	個人向け国債5年	〇〇〇〇銀行	口	円	1,000,000円

分類	細目	預貯金種類	口座番号	所在場所等	数量	単価	評価額
現金・預貯金	預貯金	普通	1234567	〇〇〇〇銀行新宿支店	円	円	123,456円
	預貯金	定期	2345678	〇〇〇〇銀行新宿支店	円	円	2,000,000円
	預貯金	定積	3456789	△△△銀行新宿支店	円	円	240,000円
	預貯金	通常	12345-6789012	〇〇銀行	円	円	678,900円
	預貯金	定額	56789-1234567	〇〇銀行	円	円	1,500,000円
	預貯金	現金		自宅	円	円	500,000円

分類	細目	利用区分・銘柄等	所在場所等	数量	単価	評価額
その他の財産	生命保険金等	死亡保険金	〇〇生命	円	円	3,000,000円
	生命保険金等	死亡保険金	△△△生命	円	円	5,000,000円
	その他	入院給付金	△△△生命	3,000円	15日	45,000円
	その他	手術給付金	△△△生命	円		50,000円
	その他	自動車		円	円	180,000円

分類	細目	名称	支払年月日	金額	備考
葬儀費用	葬儀費用	〇〇〇葬儀社	2015/07/04	850,000円	
	お布施	〇〇〇寺	2015/07/04	350,000円	

積極財産合計		51,400,401	円
消極財産合計		-1,200,000	円
合計		50,200,401	円

公正証書遺言ノススメ

　遺言書については民法に規定が置かれています。遺言書の方式は7種類ありますが、一般的に使われているのは、公正証書遺言と自筆証書遺言の2つといっても過言でありません。

　終活ブームの影響もあってか、テレビ番組や週刊誌などでもしきりに相続関係の特集が組まれています。そこに登場する専門家といわれる人たちが、手書きの遺言書（自筆証書遺言）を勧めているのをよく目にします。しかし、現場でサポートをしている立場からすると、手書きの遺言書はあまりお勧めできません。「**いや、絶対に公正証書遺言にしておくべき**」と断言します。

　正しい方式で書かれていれば民法上の効力はもちろん同じはずですが、手続き上では必ずしも同じような効力とはならないのです。つまり、

①自筆証書遺言は検認が必要なため、実際に遺言書を執行するまでに2～3か月余計に時間がかかる

②検認後金融機関に遺言書を持参して手続きをしようとすると、相続人全員のサインと実印を求められる

③法律的に解釈がひとつに定まらない場合が多く、手続き先（金融機関や法務局での登記など）がスムーズに対応してくれない

④財産全体にわたって記載されていないことが多く、結局、遺産分割協議もしなければならない

　などなど、私たちが手続きの現場で立ち往生する原因になるのは、自筆証書遺言が圧倒的に多いのです。

　公正証書遺言で作成してあれば、①検認は必要なく、②金融機関などでも遺言書の信頼性が高いため受遺者1人のサインと実印で対応でき、③法律の専門家である公証人が作成するため法律的な解釈もひとつに定まり、④特別な場合を除き全財産について記載するように勧められるので、上記のような問題点は解消されます。

　せっかく遺言書を作成するなら、執行段階になってスムーズに手続きができ、有効性・信頼性の高いほうがよいと思いませんか？

　だからこそ、私たちは公正証書遺言の作成をお勧めしています。

3 遺言書の有無の確認

いつまでに 死亡後すみやかに（概ね2週間程度で）
どこへ 自宅など自筆遺言が保管してあるところ、または公証役場

遺言書の有無で手続きの進め方が異なる

親族が亡くなり、相続が発生した場合には、まず遺言書の有無を確認します。

亡くなった人（被相続人）が生前に、遺言書を作成したことを話していたり、エンディングノートなどに遺言書の保管場所を書いていたときは、その場所を探します。全文を自分で書いた自筆証書遺言があった場合は、26～29ページの「遺言書の検認・開封」の申立てを行い、家庭裁判所で検認の手続きを取ることになります。

公証役場で公証人に作成してもらう公正証書遺言を作った場合、遺言者（遺言をした人）は通常、正本（または謄本）を保管していますが、もし見つからなければ、公証役場で検索をしたうえで、謄本を発行してもらうことになります。

遺言書があり、かつ有効な記載の場合には、遺言書の指示に従い相続することになります。

遺言書がない場合や見つからなかった場合には、相続人間で遺産分割協議をすることになります（30ページ参照）。

手続き方法

平成になってから作成した公正証書遺言は、公証役場でオンライン検索をすることができます。

公証役場で検索の手続きをする人が相続人であることと、遺言者が死亡していることを戸籍で証明します。

検索によって遺言書を作成した公証役場が判明したら、その公証役場で謄本の発行を請求します。

◎自筆証書遺言と公正証書遺言の特徴◎

	自筆証書遺言	公正証書遺言
概要	・全文と日付および氏名を自書し、押印する ・ビデオや録音、ワープロ打ちのものは無効	・公証役場で2名の証人の立ち合いのもと、遺言の内容を公証人に口述し、公証人が遺言書を作成する ・原本は遺言者が120歳になるまで公証役場で保管される
長所	・いつでもどこでも作成できる ・誰にも知られず作成できる ・費用がほとんどかからない	・内容が明確で、証拠力が高く安全確実で、無効になることがほとんどない ・偽造や紛失の心配がない ・検認の必要がないのですぐに遺言の内容を実現することができる
短所	・検認が必要なため遺言内容を実現するのに数か月以上かかる ・形式的な不備や不明確な内容になりがちで、後日トラブルが起きる可能性がある ・偽造、変造、隠匿などの心配がある ・金融機関での手続きでは遺言があっても全員のサイン・押印を求められる	・証人が必要なため、内容を知られることがある ・費用がかかる

＊民法には普通方式の遺言書として自筆証書遺言、公正証書遺言、秘密証書遺言の3つ、特別方式の遺言として死亡危急者遺言、船舶遭難者遺言、在船者遺言、伝染病隔離者遺言の4つが定められています。通常は、自筆証書遺言か公正証書遺言のどちらかが使われています。

　検索してもらった公証役場と遺言者が作成した公証役場が同じならば、その場で謄本の発行をお願いできます。別の公証役場の場合は、改めて作成した役場に出向いて、相続人であることの証明と遺言者が死亡していることを戸籍で示したうえで、謄本を発行してもらいます。

必要書類等

☐ 遺言者死亡の記載のある戸籍等（除籍謄本等）
☐ 遺言者との相続関係がわかる戸籍（戸籍謄本等）※
☐ 相続人（受遺者）の身分証明書（運転免許証やパスポート等）

　※　相続人が子供の場合には、相続人の戸籍謄本の父母の欄に被相続人の名前が記載されていることで証明となるため、相続人本人の戸籍謄本で十分です。相続人が子供以外の場合には、被相続人の出生から死亡までの戸籍の中で関係（たとえば、原戸籍の中で兄弟であることなど）を示したうえで、相続人本人の戸籍謄本を出すことになります。

遺言書の検認・開封

いつまでに 死亡後すみやかに（戸籍等の準備ができしだい）
どこへ 家庭裁判所

遺言書は家庭裁判所で検認を受ける

　遺言書（公正証書による遺言を除きます）の保管者、またはこれを発見した相続人は、遺言者の死亡を知った後、遅滞なく遺言書を家庭裁判所に提出して、その「検認」を請求しなければなりません。

　また、封印のある遺言書は、家庭裁判所で相続人等の立会いのもとで開封しなければならないことになっています。

　検認とは、相続人に対して遺言の存在およびその内容を知らせるとともに、遺言書の形状、加除訂正の状態、日付、署名など検認の日現在における遺言書の内容を明確にして、遺言書の偽造・変造を防止するための手続きです。遺言の有効・無効を判断する手続きではありません。

　この検認・開封の立会いの手続きを怠ったからといって、遺言が無効になることはありませんが、不動産の名義変更や金融機関では遺言書による相続手続きを行う際には検認が終わっていることが必須です。

検認日には申立人が家庭裁判所に行く

　被相続人の出生から死亡までの戸籍謄本と相続人全員の戸籍謄本および住民票をそろえて、家庭裁判所に検認の申立てをします。申立て後、相続人全員に検認日を指定した呼び出し状が送られます。検認日当日は、申立人（＝遺言書の保管者）は遺言書原本を持参のうえ出席します。他の相続人は必ずしも出席する必要はありません。

必要書類等

- ☐ 検認の申立書
- ☐ 遺言者の出生から死亡までの戸籍謄本
- ☐ 相続人全員の戸籍謄本および住民票
- ☐ 自筆証書遺言

◎検認手続きの流れ◎

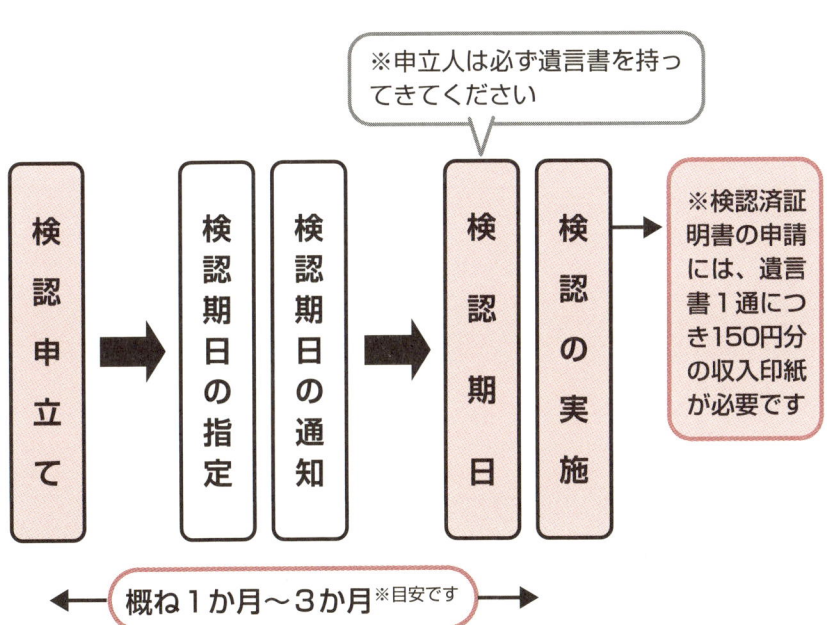

◎遺言書の検認を申し立てるとき◎

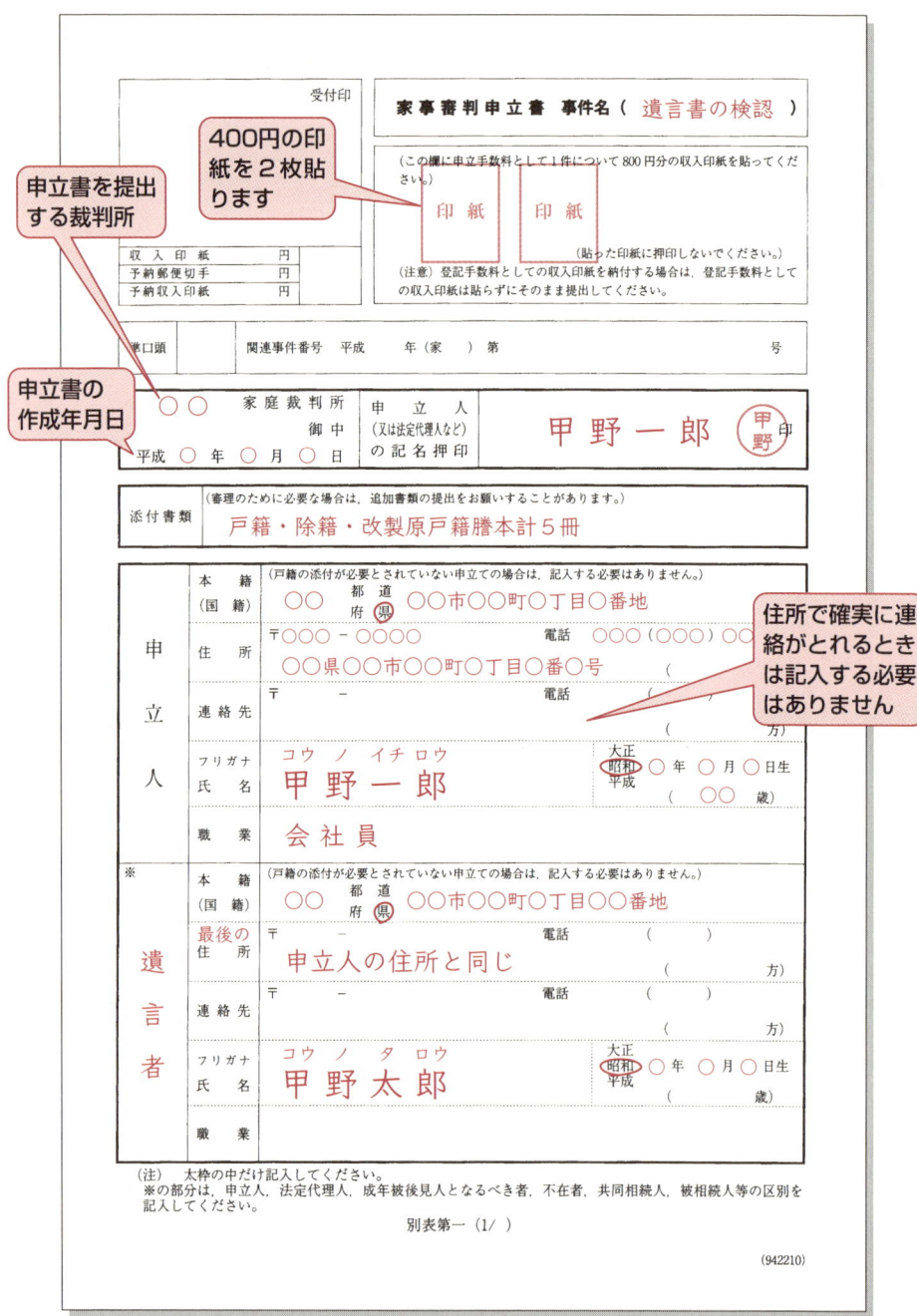

> 自筆証書遺言のときは、このように書きます

申　立　て　の　趣　旨
遺言者の自筆証書による遺言書の検認を求めます。

申　立　て　の　理　由
1　申立人は，遺言者から，平成〇年〇月〇日に遺言書を預かり，申立人の自宅金庫に保管していました。
2　遺言者は，平成〇年〇月〇日に死亡しましたので，遺言書（封印されている）の検認を求めます。なお，相続人は別紙の相続人目録のとおりです。

> 別紙です

※	本　籍	都道府(県)　〇〇　〇〇市〇〇町〇丁目〇番地
相続人	住　所	〒〇〇〇-〇〇〇〇　〇〇県〇〇市〇〇町〇番〇号　〇〇アパート〇〇号室　（　　　　方）
	フリガナ 氏　名	コウノ　ジロウ　甲野次郎	大正(昭和)平成　〇年〇月〇日生　（　〇　歳）
※	本　籍	都道府(県)　〇〇　〇〇郡〇〇町〇〇××番地
相続人	住　所	〒〇〇〇-〇〇〇〇　〇〇県〇〇郡〇〇町〇〇××番地　（　　　　方）
	フリガナ 氏　名	オツノ　ハナコ　乙野花子	大正(昭和)平成　〇年〇月〇日生　（　〇　歳）

> 開封・検認が終わると、遺言書の封筒、原本に検認済証という家庭裁判所の証明書が綴じられて返却されます。この検認済みの遺言書原本を使って、遺言により相続の手続きを進めていきます。

第1章　相続手続きで、はじめに行うこと

5 遺産分割協議の実施

いつまでに 法定相続人および相続財産が確定したらすみやかに行う

📄 相続人全員が納得すれば、どのような分割方法も可能

　故人（被相続人）が遺言書を書いていないときは、相続人全員の話し合いにより、誰がどの財産を取得するかを決めることになります。

　この話し合いのことを「**遺産分割協議**」といいます。

　遺産がすべて現金や銀行預金であれば、相続人の法定相続分に応じて分割することができます。しかしほとんどの場合、遺産は土地や家、車や貴金属など、相続分どおりに分割することが難しいものも含まれているため、話し合いにより配分を決めます。

　法定相続分とは、民法900条に規定されており、下記の通りとなります。遺産分割協議では必ずしも法定相続分どおりに分割する必要はありません。相続人全員の合意が法定相続分より優先されるためです。

◎法定相続分◎

イ　配偶者と子供が相続人である場合	配偶者	1/2	1/2	子供	2人以上のときは全員で均等割り
ロ　配偶者と直系尊属が相続人である場合	配偶者	2/3	1/3	直系尊属	2人以上のときは全員で均等割り
ハ　配偶者と兄弟姉妹が相続人である場合	配偶者	3/4	1/4	兄弟姉妹	2人以上のときは全員で均等割り

なお、子供、直系尊属、兄弟姉妹がそれぞれ2人以上いるときは、原則として均等に分けます。

また、民法に定める法定相続分は、相続人の間で遺産分割の合意ができなかったときの遺産の取り分であり、必ずこの相続分で遺産の分割をしなければならないわけではありません。

手続き方法

被相続人の死亡と同時に、被相続人所有の財産は相続財産となり、相続人全員の共有財産となります。

それを共有状態のままにしておくと、財産の維持管理や利用、財産処分の際、その他さまざまな場面において不都合が生じます。

そこで、権利関係を明確にするためにも、この共有状態を解消して、相続財産ごとに取得者を具体的に決めるのが遺産分割協議です。

この遺産分割協議は相続のメインとなるもので、なかなか協議が整わずに難航する場合もあります。ただし、原則、相続人全員が話し合いにより納得すれば、どのような分割方法でもかまいません。

必要書類等

☐ 財産目録（22ページを参照）

6 遺産分割協議書の作成

いつまでに 遺産分割協議の完了後すみやかに
どこへ 税務署、法務局、金融機関、その他の相続手続き機関

📄 作成義務はないが、税務署等への提出が必要になる場合も

相続人全員による話し合いにより相続財産の分割方法が決定した際に、その内容を書類にしたものを「**遺産分割協議書**」といいます。

実際は、協議が完了した時点で分割の手続きは終了するので、必ずしも遺産分割協議書を作成する必要はありません。それでも、後日、分割協議の内容について争いが起こることもあります。

そこで、その分割合意内容の証拠書類として作成しておくとよいでしょう。ただし、たとえば不動産について相続登記をする場合などは、法務局への登記申請の際の添付書類として、また相続税申告の際には税務署へ提出するため、必ず作成する必要があります。

📄 手続き方法

遺産分割協議書に協議の内容を記載し、相続人全員が署名または記名して押印します。通常、押印する印は印鑑証明がある印（実印）で、印鑑証明書を添付します。

用紙が複数枚にわたった場合は、全員の割印も押印します。

特に決まった様式はありませんが、後で確認したときに、相続人の間で疑義が出ないよう、また、名義変更や相続手続きの際、金融機関や行政機関に内容が明確にわかるように作成する必要があります。

✒️ 必要書類等

☐ 財産目録
☐ 相続人全員の実印
☐ 相続人全員の印鑑証明書

7 相続放棄・限定承認の申立て

いつまでに	相続の開始があったことを知ったときから3か月以内
どこへ	家庭裁判所

相続人には3つの選択肢がある

相続が開始した場合、相続人は次の3つのうちのいずれかを選択できます。

①相続人が被相続人（故人）の土地の所有権等の権利や借金等の義務をすべて受け継ぐ「**単純承認**」

②相続人が被相続人の権利や義務を一切受け継がない「**相続放棄**」

③被相続人の債務がどの程度あるか不明であり、財産が残る可能性もある場合等に、相続人が相続によって得た財産の限度で被相続人の債務の負担を受け継ぐ「**限定承認**」

相続人が、②の相続放棄または③の限定承認をするには、家庭裁判所にその旨の申述をしなければなりません（①の単純承認は、家庭裁判所への申述は不要です）。

手続き方法

＜相続放棄＞

相続放棄は、**相続人各人の判断で**申し立てることができます。家庭裁判所で相続放棄が認められると、初めから相続人ではなかったことになり、プラスの財産もマイナスの財産も一切関係ない状態になります。

明らかに債務超過のときなどに有効な手段となります。

相続放棄を行うときは、原則として**自分が相続人となったことを知った日から3か月以内**に、被相続人の住所地を管轄する家庭裁判所に「相続放棄申述書」（34〜35ページを参照）を提出します。

提出後、内容によっては裁判所から「お伺い」という書類が届くことがあります。これは相続放棄が本人の意思かどうか、相続放棄の理由な

◎相続放棄を申し出るとき◎

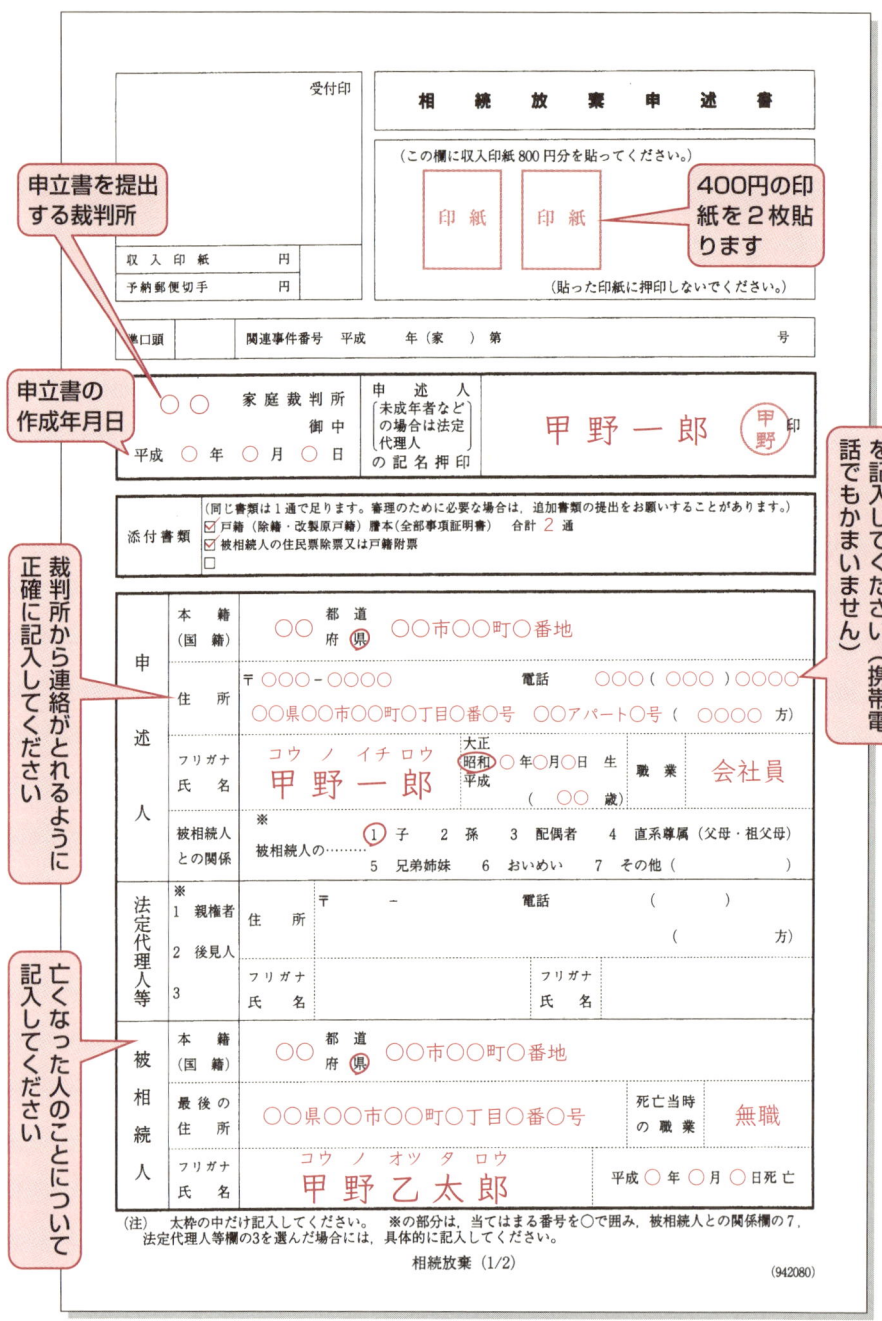

申立書を提出する裁判所

400円の印紙を2枚貼ります

受付印

相 続 放 棄 申 述 書

（この欄に収入印紙800円分を貼ってください。）

印紙　　印紙

（貼った印紙に押印しないでください。）

収入印紙	円
予納郵便切手	円

準口頭　関連事件番号　平成　年（家　）第　　　号

申立書の作成年月日

○○家庭裁判所　御中

平成○年○月○日

申述人（未成年者などの場合は法定代理人の記名押印）

甲野一郎　⑲甲野

平日の日中に連絡のつく番号を記入してください（携帯電話でもかまいません）

添付書類
☑ 戸籍（除籍・改製原戸籍）謄本(全部事項証明書)　合計 2 通
☑ 被相続人の住民票除票又は戸籍附票
☐

裁判所から連絡がとれるように正確に記入してください

申述人

本籍（国籍）　○○都道府県　○○市○○町○番地

住所　〒○○○-○○○○　電話 ○○○(○○○○)○○○○
○○県○○市○○町○丁目○番○号　○○アパート○号（　○○○○　方）

フリガナ　コウノ　イチロウ
氏名　甲野一郎
大正・昭和・平成　○年○月○日生（　○○　歳）
職業　会社員

被相続人との関係　被相続人の……①子　2 孫　3 配偶者　4 直系尊属（父母・祖父母）
5 兄弟姉妹　6 おいめい　7 その他（　　　）

法定代理人等
※1 親権者　2 後見人　3
住所　〒　-　　電話（　）
（　　　方）
フリガナ　氏名　　　フリガナ　氏名

亡くなった人のことについて記入してください

被相続人

本籍（国籍）　○○都道府県　○○市○○町○番地

最後の住所　○○県○○市○○町○丁目○番○号
死亡当時の職業　無職

フリガナ　コウノ　オツタロウ
氏名　甲野乙太郎
平成○年○月○日死亡

（注）　太枠の中だけ記入してください。　※の部分は、当てはまる番号を○で囲み、被相続人との関係欄の7、法定代理人等欄の3を選んだ場合には、具体的に記入してください。

相続放棄 (1/2)　　　　　　　　　　　　(942080)

申　述　の　趣　旨

相　続　の　放　棄　を　す　る　。

申　述　の　理　由

※ 相続の開始を知った日………平成　◯ 年　◯ 月　◯ 日
　① 被相続人死亡の当日　　　　　3　先順位者の相続放棄を知った日
　2　死亡の通知をうけた日　　　　4　その他（　　　　　　　　　　　）

放　棄　の　理　由	相　続　財　産　の　概　略		
※ 1 被相続人から生前に贈与を受けている 2 生活が安定している。 3 遺産が少ない。 4 遺産を分散させたくない。 ⑤ 債務超過のため。 6 その他 [　　　]	資 産	農　地……約_____平方メートル 山　林……約_____平方メートル 宅　地……約_____平方メートル 建　物……約 20 平方メートル	現　金 預貯金……約_____万円 有価証券……約 100 万円
		負　債……………………………約 1,000 万円	

(注)　太枠の中だけ記入してください。　※の部分は、当てはまる番号を◯で囲み、申述の理由欄の4、放棄
　　　の理由欄の6を選んだ場合には、（　　）内に具体的に記入してください。

> 亡くなった人が残した財産（負債を含む）について記入してください

> 1〜5に該当しないときはここに記入してください

> 第1章　相続手続きで、はじめに行うこと

相続放棄（2/2）

どを書面にて返信する質問書です。

この「お伺い」返送後概ね2週間から1か月程度で、「相続放棄申述受理通知書」が届き、相続放棄が完了したことになります。

債権者などが明確になっている場合は相続放棄した旨を通知するといいでしょう。また、自分が相続放棄したことで次順位の相続人が新たに相続人となるので、その人たちにも知らせておくことが望ましいでしょう。

必要書類等
- ☐ 相続放棄申述書
- ☐ 被相続人の死亡記載のある戸籍謄本
- ☐ 申述人の戸籍謄本

＜限定承認＞

限定承認は、被相続人の借金や遺言で遺贈することとしたものについて、**相続人の全員が被相続人の財産の範囲内でしか支払わないという条件をつけて相続を承認することです。**

相続人が相続の限定承認を行うときは、原則として**自分が相続人になったことを知った日から3か月以内**に財産目録を作成のうえ、これを家庭裁判所に提出し、限定承認する旨を申し出なければなりません。

限定承認は相続によって得た財産の限度においてのみ、被相続人の債務および遺贈を弁済すべきことを了解して相続の承認をします。これは、財産や債務の額が不確定な場合や、相続開始時にたまたま財産の評価額が下がっていて、今後上昇が見込める場合等に有効な方法です。

限定承認を行うには、以下の手続きが必要です。

①相続の開始があったことを知った日から3か月以内に行うこと
②相続人が複数いるときは、全員が共同して行うこと（一部の相続人のみの限定承認は認められません）
③財産目録を作成して被相続人、相続人全員の戸籍謄本とともに「相続の限定承認の申述審判申立書」に添付して、被相続人の住所地を管轄する家庭裁判所に提出すること

必要書類等

- □ 相続の限定承認の申述審判申立書
- □ 当事者目録
- □ 遺産目録（土地）
- □ 遺産目録（建物）
- □ 遺産目録（現金、預貯金、株式等）
- □ 被相続人の出生時から死亡時までのすべての戸籍（除籍、改製原戸籍）謄本
- □ 被相続人の住民票除票または戸籍附票
- □ 申述人全員の戸籍謄本
- □ 被相続人の子（およびその代襲者）で死亡している人がいる場合、その子（およびその代襲者）の出生時から死亡時までのすべての戸籍（除籍、改製原戸籍）謄本

【申述人が、被相続人の（配偶者と）父母・祖父母等（直系尊属）（第2順位相続人）の場合】

- □ 被相続人の直系尊属に死亡している人（相続人と同じ代および下の代の直系尊属にかぎる／例：相続人が祖母の場合は父母と祖父）がいる場合、その直系尊属の死亡の記載のある戸籍（除籍、改製原戸籍）謄本

【申述人が、被相続人の配偶者のみの場合、または被相続人の（配偶者と）兄弟姉妹およびその代襲者（おいめい）（第3順位相続人）の場合】

- □ 被相続人の父母の出生時から死亡時までのすべての戸籍（除籍、改製原戸籍）謄本
- □ 被相続人の直系尊属の死亡の記載のある戸籍（除籍、改製原戸籍）謄本
- □ 被相続人の兄弟姉妹で死亡している人がいる場合、その兄弟姉妹の出生時から死亡時までのすべての戸籍（除籍、改製原戸籍）謄本
- □ 代襲者としてのおい、めいで死亡している人がいる場合、そのおいまたはめいの死亡の記載のある戸籍（除籍、改製原戸籍）謄本

8 遺産分割の調停・審判

いつまでに 遺産分割が整わないときはすみやかに
どこへ 被相続人の住所地を管轄する家庭裁判所

合意をめざして話し合いが進められる

　遺産分割協議が整わない場合は、家庭裁判所に遺産分割の調停を申し立て、裁判所の力を借りて協議を行うことになります。家庭裁判所に「遺産分割協議調停申告書」を提出して調停を行います。

　調停は、裁判官１名と民間から選ばれた２名の調停委員からなる調停委員会で進められ、申立人や相手方の言い分を聞き、双方の意向を整理したうえで、調停案を示しながら紛争の解決にあたります。

　調停手続きでは、当事者双方から事情を聴いたり、必要に応じて資料等を提出してもらったり、遺産について鑑定を行うなどして、事情をよく把握します。そのうえで、各当事者がそれぞれどのような分割方法を希望しているかの意向を聴取し、解決案を提示したり、解決のために必要な助言をし、合意をめざして話し合いが進められます。

　双方が納得しなければ調停は成立しません。その場合は、審判手続きに進むことになります。

　話し合いがまとまらず、調停が不成立になった場合は、審判手続きが開始されます。裁判官が、遺産に属する物または権利の種類および性質その他一切の事情を考慮して、審判を下すことになります。

　審判は、いわば裁判所の判決に相当するものです。審判に不服の場合は高等裁判所での裁判となります。

手続き方法

　この調停は、相続人のうちの１人もしくは何人かが他の相続人全員を相手方として申し立てるもので、家庭裁判所に遺産分割協議調停申立書を提出して調停を行います。

必要書類等

- ☐ 遺産分割協議調停申立書
- ☐ 当事者目録
- ☐ 遺産目録（土地）
- ☐ 遺産目録（建物）
- ☐ 遺産目録（現金、預貯金、株式等）
- ☐ 相続関係図見本
- ☐ その他家庭裁判所で必要とされる個別書類・添付書類関係

コラム

できるところから手続きを始めるのはお勧めしません

　相続手続支援センターの無料相談にいらっしゃる人の多くは、役所関係の手続きなど、できるところから始めています。会社勤めでは忌引きなどのお休みの日数もかぎられており、やらなければならないという、半ば強迫観念に駆られているようです。

　本章でもご案内している通り、相続人の確定と相続財産の確定という、ある意味での現状把握の作業を最初にされることが理想ではないかと考えています。

　全体像を把握して、どのような手続きをしなければならないかを理解したうえで実際の手続きに移る。必要な手続きがわかれば、必要な書類の取得部数もわかります。無駄なく効率よく書類を取得し、時間的にも無駄のないスケジュールで手続きに回れるはずです。

　よく戸籍のセット（出生から死亡まで）を何セットも取得している人がいます。すべての手続きが終わると9割ほどの戸籍が手元に残っている結果になるのです。なぜなら、ほとんどの手続き先は、提出した原本をコピーして確認したら返却してくれるからです。

　手続きによっては死亡記載の戸籍だけは原本が必要だといわれることもありますが、あらかじめ手続きの種類や手続き先がわかっていたらそれらも想定して準備ができます。

　まずは現状把握すること。そのうえで手続きの段取りを考慮して動き出す。これが相続手続きをスムーズに、かつ、効率よく、もれなく行うポイントになります。

第2章

亡くなったら、すぐに行うこと

葬儀までの手続きは葬儀社が手伝ってくれることが多い

　日本では80%の人が病院で亡くなるといわれていて、病院で死亡の診断を受けると、通常は葬儀社を選定して、遺体の搬出、葬儀の打ち合わせ、通夜、本葬の施行と続きます。身内を亡くした人は、まずは病院で「死亡診断書」を作成してもらい、その診断書とともに「死亡届」を市町村役場に提出します。ここまでは、葬儀社が手伝ってくれることが多いようです。

　死亡届が受理されると、「死体火（埋）葬許可証」が発行され、死亡時刻から24時間以上経過したのち、火葬が可能となります。亡くなった人が世帯主の場合は、「世帯主変更届」を提出して住民票上の記載を変更する手続きをします。

　人が亡くなると、戸籍の変更や相続などの届出・手続きが必要になります。これらには期限が定められているものもあり、まとめると下図のとおりです。

◎期限が定められた届出や申立てがある◎

7日以内	相続の開始を知った日
14日以内[*1]	「死亡届」「死体火（埋）葬許可申請書」の提出
14日以内	故人が世帯主だったときは「世帯主変更届」（「住民異動届」）の提出
3か月以内	相続放棄または限定承認の申立て
4か月以内	故人の準確定申告
10か月以内	相続税の申告・納税
1年以内	遺留分の減殺請求[*2]

*1　概ね14日以内に行うべき手続きとしては、この他にも印鑑証明カード・住民基本台帳カードの返却、国民健康保険の手続き（書換えか返納）、会社役員の変更登記などがあります。
*2　遺留分の減殺請求は、相続開始および減殺すべき贈与または遺贈のあったことを知ったときから1年を経過したときは、することができなくなります。

9 「死亡届」の提出

いつまでに	死亡を知った日から7日以内（国外にいる場合は3か月以内）
どこへ	故人の死亡地・本籍地・住所地のいずれかの市区町村役場

📄 葬儀社による代理届出も可能

　身内や同居人が死亡した場合は、「死亡届」を提出します。

　死亡届が受理されないと火葬許可証が出ませんので、葬儀を行うためには早い届出が必要となります。

　なお、葬儀社による代理届出もできることから、ほとんどの場合は葬儀社が手続きを行っています。

📄 手続き方法

　届出人は、同居の親族、同居の親族以外の親族、その他の同居者、家主、地主、家屋管理人、土地管理人、後見人、保佐人、補助人、任意後見人の順となります。

　届出人とは、窓口に持参する人ではなく、死亡届に署名・押印をする人です。窓口に持参するのは代理人（葬儀社など）でも問題ありません。

　死亡後、病院から「死亡届」（右側半分に「死亡診断書（死体検案書）」がついたもの）を入手して、左側半分に必要事項を記入し、印鑑（届出人）を持参のうえ届け出ます。

　後見人、保佐人、補助人および任意後見人が届け出る場合は、その資格を証明する登記事項証明書、または裁判所の謄本が必要です。

　届出の日から死亡の効力が発生し、戸籍に死亡の記載がされることとなります。なお、届出は土日祝日も含めて24時間受け付けています。

✏️ 必要書類等

- ☐ 死亡診断書（死体検案書）
- ☐ 届出人の認印

◎「死亡届」の記載例◎

死亡届

平成27年 8月 15日届出

東京都港区　長　殿

受理	平成　年　月　日　第　　号	発送	平成　年　月　日
送付	平成　年　月　日　第　　号		長印

書類調査／戸籍記載／記載調査／調査票／附票／住民票／通知

亡くなった人について記入します

(1)(2) 氏名（よみかた）：そうぞく たろう　**相続 太郎**　☑男 □女

(3) 生年月日：**昭和7年 7月 7日**（生まれてから30日以内に死亡したときは生まれた時刻も書いてください）□午前 □午後　時　分

(4) 死亡したとき：**平成27年 8月 15日**　☑午前 □午後　**10時 16分**

(5) 死亡したところ：**東京都港区虎ノ門1丁目 1番地 1号**（番地抹消）

(6) 住所（住民登録をしているところ）：**東京都新宿区西新宿5丁目○番地 ○号**（番地抹消）
　世帯主の氏名（よみかた）：そうぞく たろう　**相続 太郎**

(7) 本籍（外国人のときは国籍だけを書いてください）：**東京都新宿区西新宿6丁目○番地**（地抹消）
　筆頭者の氏名：

(8)(9) 死亡した人の夫または妻：☑いる（満 **80** 歳）　いない（□未婚 □死別 □離別）

(10) 死亡したときの世帯のおもな仕事と：
□1. 農業だけまたは農業とその他の仕事を持っている世帯
□2. 自由業・商工業・サービス業等を個人で経営している世帯
□3. 企業・個人商店等（官公庁は除く）の常用勤労者世帯で勤め先の従業者数が1人から99人までの世帯（日々または1年未満の契約の雇用者は5）
□4. 3にあてはまらない常用勤労者世帯及び会社団体の役員の世帯（日々または1年未満の契約の雇用者は5）
□5. 1から4にあてはまらないその他の仕事をしている者のいる世帯
☑6. 仕事をしている者のいない世帯

(11) 死亡した人の職業・産業：（国勢調査の年……平成　年……の4月1日から翌年3月31日までに死亡したときだけ書いてください）
職業：　　　　産業：

その他

届け出る人について記入します

届出人：
□1. 同居の親族　☑2. 同居していない親族　□3. 同居者　□4. 家主　□5. 地主
□6. 家屋管理人　□7. 土地管理人　□8. 公設所の長　□9. 後見人　□10. 保佐人
□11. 補助人　□12. 任意後見人

住所：**東京都中野区中野5丁目 ○番地 ○号　NSハイツ1103号室**
本籍：**東京都新宿区西新宿6丁目○番地**　筆頭者の氏名：**相続一郎**
署名：**相続 一郎**　㊞（相続印）　**昭和36年 1月 6日生**

事件簿番号：

連絡先：電話（　　）　自宅・勤務先[　　]・携帯

記入の注意

鉛筆や消えやすいインキで書かないでください。

死亡したことを知った日からかぞえて7日以内に出してください。

届書は、1通でさしつかえありません。

→「筆頭者の氏名」には、戸籍のはじめに記載されている人の氏名を書いてください。

→内縁のものはふくまれません。

□には、あてはまるものに☑のようにしるしをつけてください。

→死亡者について書いてください。

届け出られた事項は、人口動態調査（統計法に基づく基幹統計調査、厚生労働省所管）にも用いられます。

◎届出人の印をご持参ください。

44

◎「死亡診断書（死体検案書）」の記載例◎

全体で1枚の様式です

医師に記入してもらいます

死亡診断書（死体検案書）

この死亡診断書（死体検案書）は、我が国の死因統計作成の資料としても用いられます。かい書で、できるだけ詳しく書いてください。

氏名	相続太郎	①男 / 2女	生年月日	明治 昭和 大正 平成	7年 7月 7日 午前・午後　時　分

| 死亡したとき | 平成 27年 8月 15日 | 午前・午後 10時 16分 |

(12)(13) 死亡したところ及びその種別

死亡したところの種別　①病院　2診療所　3介護老人保健施設　4助産所　5老人ホーム　6自宅　7その他
死亡したところ　東京都港区虎ノ門1丁目1　番1号

(14) 死亡の原因

I	(ア)直接死因	脳出血	発病（発症）又は受傷から死亡までの期間	10時間
	(イ)(ア)の原因	動脈硬化症		4か月
	(ウ)(イ)の原因			
	(エ)(ウ)の原因			
II	直接には死因に関係しないがI欄の傷病経過に影響を及ぼした傷病名等			

手術　1無　2有
解剖　1無　2有

(15) 死因の種類
①病死及び自然死
外因死　不慮の外因死〔2交通事故　3転倒・転落　4溺水　5煙、火災及び火焔による傷害　6窒息　7中毒　8その他〕
その他及び不詳の外因死〔9自殺　10他殺　11その他及び不詳の外因〕
12不詳の死

(16) 外因死の追加事項
傷害が発生したとき　平成・昭和　年　月　日　午前・午後　時　分
傷害が発生したところの種別　1住居　2工場及び建築現場　3道路　4その他（　）
手段及び状況

(17) 生後1年未満で病死した場合の追加事項
出生時体重　グラム
単胎・多胎の別　1単胎　2多胎（子中第　子）
妊娠週数　満　週
妊娠・分娩時における母体の病態又は異状　1無　2有　3不詳
母の生年月日　昭和 平成　年　月　日
前回までの妊娠の結果　出生児　人　死産児　胎（妊娠満22週以後に限る）

(18) その他特に付言すべきことがら

(19) 上記のとおり診断（検案）する
診断（検案）年月日　平成 27年 8月 15日
本診断書（検案書）発行年月日　平成　年　月　日
病院、診療所若しくは介護老人保健施設等の名称及び所在地又は医師の住所
東京都港区虎ノ門1丁目1番1号
（氏名）　医師　虎ノ門病院　田中　博　㊞

医師に署名押印してもらいます

第2章　亡くなったら、すぐに行うこと

45

10 「死体火(埋)葬許可申請書」の提出

いつまでに 死亡を知った日から7日以内（国外にいる場合は3か月以内）
どこへ 故人の死亡地・本籍地・住所地のいずれかの市区町村役場

火葬や埋葬には許可が必要

死体を火葬したり埋葬（土葬）するには、行政の許可が必要です。

手続き方法

通常は、「死亡届」と「死体火（埋）葬許可申請書」を提出して、これらが受理されると、「死体火葬許可証」が交付されます。死亡時刻より24時間以上経過後にこれを火葬場に提出することで、火葬ができます。

火葬が済むと、提出した死体火葬許可証に火葬執行済と記入してくれます。この火葬執行済と記入された死体火葬許可証が埋葬許可証になります。埋葬許可証を墓地の管理者に提出すれば、埋葬が可能となります。

火葬後に火（埋）葬許可証を紛失したとき、また火葬後に分骨する場合は、死体火（埋）葬許可証の再発行を申請します。

なお、市区町村によってこの許可証の名称や様式が多少異なります。

必要書類等

☐ 死体火（埋）葬許可申請書
☐ 申請者の認印
☐ 死体火（埋）葬許可証写し交付申請書（紛失等により再発行が必要なとき）

◎「死体火（埋）葬許可申請書」の記載例◎

死体 埋葬 許可申請書
　火葬
（兼埋葬・火葬許可原簿）

受付	年月日	年月日	埋葬火葬の別	弔慰書交付者印	埋火葬許可証との割印
	番号	第　号	埋葬・火葬		

死亡者の本籍	東京都新宿区西新宿6丁目○番○号				
死亡者の住所	東京都新宿区西新宿1丁目○番○号				
死亡者の氏名	相続　太郎		性別	㊊ ・ 女	
出生年月日	昭和7年7月7日		死因	1　一類感染症等 ② その他	
死亡年月日時	平成27年8月15日		午前 午後	10時 16分	
死亡の場所	東京都港区虎ノ門1丁目1番1号				
埋葬又は火葬の場所	東京都新宿区上落合3-34-12　落合斎場				
申請者の住所、氏名及び死亡者との続柄	住所	東京都中野区中野5丁目○番○号		NSハイツ1103号室	
	氏名	相続　一郎　㊞	続柄	長男	

上記のとおり申請します。
平成27年 8月 15日

　　　　　　　　　　　　　　新宿区長　△△△△　様

（注）　死因欄中、墓地、埋葬等に関する法律施行規則第1条第4号に規定する感染症の際は「一類感染症等」に○印を付すること。
　　　　そうでないときは「その他」に○印を付すること。

11 「世帯主変更届」の提出

いつまでに 死亡から14日以内
どこへ 新世帯主の住所地の市区町村役場

故人が世帯主だったときは新しい世帯主を決める

故人が、3人以上の世帯の世帯主であった場合には、新しい世帯主を決める必要があるので、「世帯主変更届」を届け出ます。2人世帯の場合は、遺族が自動的に世帯主になるため特に届け出る必要はありません。

手続き方法

届出人は新しい世帯主か世帯員、または委任を受けた代理人です。

故人がその家の世帯主であった場合は、故人の住民票のある役所に届け出ます。

新しい世帯主が、印鑑（認印で大丈夫です）と本人確認のできる証明書類（運転免許証やパスポートなど）を持参のうえ、居住する市区町村役場に届け出ます。代理人の場合は委任状が必要です。

「世帯主変更届」が提出されると、それに基づいて住民票の記載が変更されます。

市区町村によって「世帯主変更届」や「住民異動届」など、名称や様式が異なります。

必要書類等

- □ 世帯主変更届または住民異動届
- □ 届出人の認印
- □ 届出人の身分証明書（運転免許証やパスポート等）

コラム

戸籍で相続人を確定するのは困難？

　身内の誰かが亡くなったときは、法定相続人を確定するために、故人（被相続人）の出生から死亡までの連続した戸籍（相続の際には必ず戸籍謄本を取得します。抄本では手続きできないことがあります）の取得が必要なことはすでに説明したとおりです。

　「戸籍はすでに取得しましたか？」と聞くと、「銀行で取るように言われて取りました」と答える人がいますが、銀行の窓口担当者たちの慣用的な説明では誤解を招くことがあるのです。以下で具体的に説明します。

　銀行では「原戸籍（ハラコセキ）を取ってきてください」と相続人に伝えます。そこで相続人は、市役所等の戸籍発行窓口で「ハラコセキをください」と言います。役所の担当者はこの道のプロです。「ハラコセキ」は「改製原戸籍」のことで、「除籍」や「戸籍」ではないと思っています。銀行の窓口担当者は戸籍に詳しくないので、「ハラコセキと言えばいい」と思っているのでしょう。戸籍についての呼称は、その戸籍簿の閉じられ方によって以下の3つあるのです。

　「**戸籍**」は、現在有効な戸籍簿のことです。

　「**改製原戸籍**」または「**原戸籍**」は、法務省令などに従って戸籍簿の改製＝作りかえをした際に原本となったものを指します。改製のときに有効期間が終了したものです。

　「**除籍**」は、婚姻や死亡などにより戸籍簿記載の人全員がいなくなった場合に閉じられた戸籍のことです。

　ですから、役所で「ハラコセキをください」と言っただけでは、故人の出生から死亡まですべてそろうわけではないのです。

　本書の「必要書類等」のところに「戸籍」という記載がありますが、手続きによって必要な範囲は変わってきます。どの手続きでも、故人（被相続人）の出生から死亡までの戸籍等と法定相続人全員の現在の戸籍があれば、手続き上の問題はありません。

　「**相続関係がわかる戸籍等**」という記載があるときは、故人（被相続人）と、手続きなどで代表になる人との相続関係を戸籍謄本で証明します。具体的には、故人の死亡記載のある戸籍と相続人の現在戸籍を用意します。相続人の戸籍で、父母の欄に故人の名前があればOKです。

◎「住民異動届」の記載例◎

新宿区長　宛て
To: Mayor of Shinjuku City

※太枠内のみ、日本語又はアルファベットでお書きください。
Note: Please fill in the sections framed in b[old]

住　民　異　動
Notification of Change in

	11	12	13	14	17	18	19	20	31/34	32	33	51
(新)	転入	転出取消	回復	入国等	中長期	転出	国外転出	職権消除/転出				
世帯番号	全	—	全	—	全	—	全	—	全	—	全	—

届出年月日 Date of Notification：平成 27 年(Y) 8 月(M) 25 日(D)
異動年月日 Date of Change：平成 27 年(Y) 8 月(M) 15 日(D)

□住定日確認済

※別世帯の方の届出には委任
Note: Power of attorney is re[quired]
member of your household) t[o]

		世帯主 Head of Household
これからの 新住所 New Address	東京都新宿区西新宿１丁目○番○号	世帯主 Head of Household
いままでの 旧住所 Previous Address		世帯主 Head of Household
本籍地 (日本人の方のみ)	東京都新宿区西新宿６丁目○番○号	筆頭者

氏名 Name				生年月日 Date of Birth	性別 Sex	続柄 Relationship to Head of Household	※外国人の方の	
日本人 Japanese	フリガナ Furigana 氏名 Name	外国人 Foreigner	英字 English 漢字／フリガナ Kanji/Furigana				通称 Alternative name (alias)	フリガナ Furigana 氏名 Name
1				明・大・昭・平 西暦　年(Y)・月(M)・日(D)	男(M) 女(F)			
2				明・大・昭・平 西暦　年(Y)・月(M)・日(D)	男(M) 女(F)			
3				明・大・昭・平 西暦　年(Y)・月(M)・日(D)	男(M) 女(F)			

	国民健康保険		後期高齢	介護保険 受給	国民年金 種	医・手	就学	住基カード	カード回収	新・旧世帯	氏名
	般 退	給									
1	有 本 無 被	回 区分	有 無	有 未	有 住特	認定 無	1 任	子 児	小 中 年	記載変更 記変	回 返	印鑑 自交
2	有 本 無 被	回 区分	有 無	有 未	有 住特	認定 無	1 任	子 児	小 中 年	記載変更 記変	回 返	印鑑 自交
3	有 本 無 被	回 区分	有 無	有 未	有 住特	認定 無	1 任	子 児	小 中 年	記載変更 記変	回 返	印鑑 自交

備考欄 メモ欄：要・連絡

＊書ききれない場合は裏面にお書きください。
Note: If you need more writing space, please use the other side of this sheet.

□裏面あり

表面 Front			
	本人	世帯主・世帯員	代理人

届 Residence

窓口に来た方　VISITOR

署名 Signature：相続　花子

電話番号 Tel：03-3456-7890

▼代理人の場合は下記にも記入してください。
▼To proxies: Please write your address and relationship to the applicant.

代理人住所
Address:

異動者との関係　Your relationship to the person changing residences:

52	53	54	55	56	57	58	59	再
転居			世帯主変更	世帯分離	世帯合併	続柄変更		転出証明書
↓全								

状が必要です。
required for a proxy (some
to file this notification.

新しく世帯主になる人 → 相続　花子

相続　太郎

相続　太郎

本人確認書：
① 運転免許証・旅券・住基（写付）・在留カード等・
② 保険証・年金手帳・社員証・学生証・　　／ききとり

既存
持参　　　**亡くなった人（いままでの世帯主）**
新規
なし
確認　地図（P　・　―　）付定図　端末　□住居表示係　要

みご記入ください。　Note: This section is only for the use of foreign residents.

国籍・地域 Nationality	在留資格 Status of Residence	在留期間 Period of Stay	法第30条の45区分 在留カード等の番号	住居地届	住民票コード （ご存知の方のみ記入） Residence record (juminhyo) code no. (If known)
		在留期間 Period of Stay　年(Years) カ月(Months) 日(Days)　満了日 Expiration of Stay　年(Y) 月(M) 日(D) No.	□中長期在留者 □特別永住者 □	有 無	
		在留期間 Period of Stay　年(Years) カ月(Months) 日(Days)　満了日 Expiration of Stay　年(Y) 月(M) 日(D) No.	□中長期在留者 □特別永住者 □	有 無	
		在留期間 Period of Stay　年(Years) カ月(Months) 日(Days)　満了日 Expiration of Stay　年(Y) 月(M) 日(D) No.	□中長期在留者 □特別永住者 □	有 無	

続柄	備考	CS 9-1 転通入力 住民票 19-1 住民票 備考欄付 期間経過 受理通知 就学 受付		国保番号 新 旧 引抜 一般 窓口 郵送 退職 窓口 郵送 高齢 窓口 郵送 国保職業 小 中 確認 入力	備考 □前住 □本籍 □附票 □CS 確認要 学齢簿 審査

第**2**章　亡くなったら、すぐに行うこと

51

第3章

役所関係への手続き
1

戸籍や国民健康保険の手続きなどは市区町村役場で

　国民健康保険や後期高齢者医療制度、介護保険制度、福祉サービス、戸籍法や住民基本台帳法にかかわる手続きなど、市区町村役場が窓口となるものを中心に解説します。主な手続きは下表のとおりです。

◎主な手続きと手続き先◎

（市区町村によって窓口の部課の呼称は違う場合があります）

手続き名	手続き先	手続き期限
児童扶養手当認定請求書	市区町村役場	死亡後すみやかに
復氏届	市区町村の戸籍係	期限の定めなし
姻族関係終了届	市区町村の戸籍係	期限の定めなし
改葬許可申請書	市区町村の戸籍係	期限の定めなし
営業免許等、許認可の変更届	許認可の官庁（飲食店等の場合は保健所）	概ね3か月以内
印鑑証明カードの返却	市区町村の戸籍係	死亡後すみやかに
住民基本台帳カードの返却	市区町村の戸籍係	死亡後すみやかに
国民健康保険証の返却	市区町村の保健課	死亡後14日以内
介護保険の保険証の返却	市区町村の介護保険課	死亡後14日以内
パスポートの返却	都道府県の旅券センター	死亡後すみやかに
シルバーパスの返却	市区町村の福祉課	死亡後すみやかに
高齢者福祉サービスの停止	市区町村の福祉課	死亡後すみやかに
身体障害者手帳・療育手帳などの返却	市区町村の福祉課	死亡後すみやかに
農地法の届出	市区町村の農業委員会	権利の取得を知った日から10か月以内
森林法の届出	市区町村の農政課	所有者となってから90日以内
銃砲刀剣類の登録変更	都道府県の教育委員会	変更があった日から20日以内

12 「児童扶養手当認定請求書」の提出

いつまでに 死亡後すみやかに
どこへ 請求者の住所地の市区町村役場

📄 18歳以下の子供が残された場合は忘れずに手続きをする

　父親（または母親）が亡くなった家庭には、児童を監護（保護者として生活の面倒をみること）している母親（または父親）、あるいは養育している人に、児童扶養手当が支給されます（支給要件あり）。

　「児童扶養手当認定請求書」を提出し、市区町村の認定を受けなければ、児童扶養手当を受ける権利は発生しません。

　支給対象となる児童は、０歳から18歳到達後の最初の３月31日（障害があれば20歳未満）までの日本国内に住民登録をしている児童です（教育を目的として海外に留学している児童も対象となる場合がある）。

　児童扶養手当は、認定請求をした日の属する月の翌月分から、支給事由の消滅した日の属する月分まで支給されます。

📄 手続き方法

　養育している人が住んでいる市区町村役場に申請します。所得の要件などの審査によって、受給資格および手当の額について認定を受けます。

　郵送や代理人による申請は認められていません。

✒ 必要書類等

- □ 児童扶養手当認定請求書および対象児童の戸籍謄本
- □ 世帯全員の住民票
- □ 児童扶養手当用所得証明書
- □ 請求者名義の預金通帳と年金手帳
- □ 所定の認定請求書
- □ 印鑑　　□ 申請理由によりその他添付書類

◎「児童扶養手当認定請求書」の記載例◎

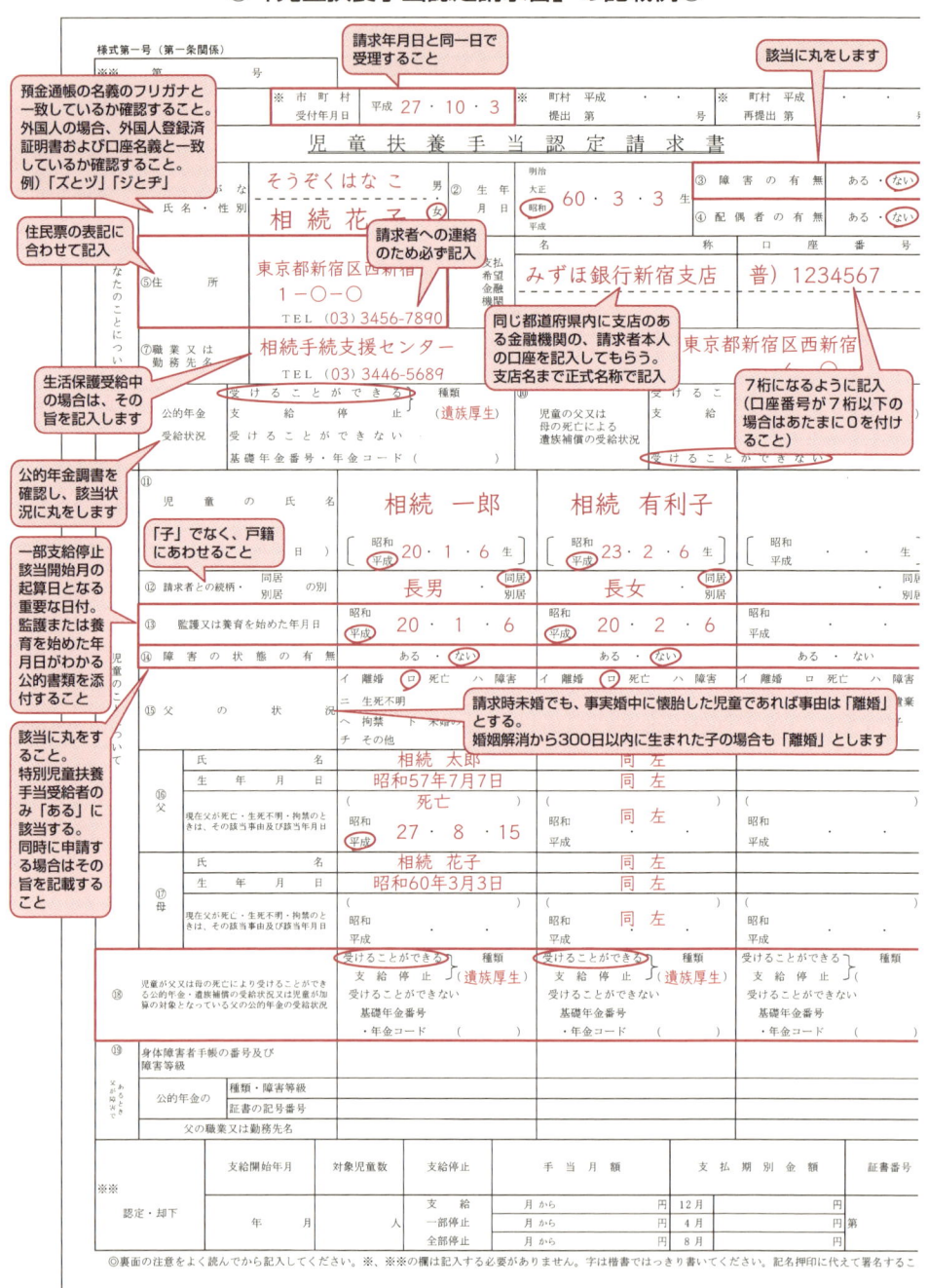

様式第一号（第一条関係）

請求年月日と同一日で受理すること

※市町村受付年月日 平成 27・10・3
※町村提出 平成　・　・　第　号
※町村再提出 平成　・　・　第　号

該当に丸をします

児童扶養手当認定請求書

- **預金通帳の名義のフリガナと一致しているか確認すること。外国人の場合、外国人登録済証明書および口座名義と一致しているか確認すること。例）「ズとヅ」「ジとヂ」**

① 氏名・性別　そうぞくはなこ　相続 花子　（女）
② 生年月日　昭和 60・3・3
③ 障害の有無　ある・(ない)
④ 配偶者の有無　ある・(ない)

- **住民票の表記に合わせて記入**

⑤ 住所　東京都新宿区西新宿1-○-○　TEL (03) 3456-7890

- **請求者への連絡のため必ず記入**

希望金融機関 名称 みずほ銀行新宿支店　口座番号 普）1234567

- **同じ都道府県内に支店のある金融機関の、請求者本人の口座を記入してもらう。支店名まで正式名称で記入**

⑦ 職業又は勤務先名　相続手続支援センター　TEL (03) 3446-5689

住所　東京都新宿区西新宿

- **7桁になるように記入（口座番号が7桁以下の場合はあたまに0を付けること）**

⑧ 公的年金受給状況
　支給停止
　受けることができない
　基礎年金番号・年金コード（　　）　種類（遺族厚生）

⑨ 児童の父又は母の死亡による遺族補償の受給状況
　支給
　(受けることができない)

- **生活保護受給中の場合は、その旨を記入します**

- **公的年金調書を確認し、該当状況に丸をします**

⑪ 児童の氏名　相続 一郎　／　相続 有利子
生年月日　(平成)昭和 20・1・6 生　／　(平成)昭和 23・2・6 生

- **「子」でなく、戸籍にあわせること**

⑫ 請求者との続柄・同居別居の別　長男・(同居)別居　／　長女・(同居)別居

⑬ 監護又は養育を始めた年月日　(平成)昭和 20・1・6　／　(平成)昭和 20・2・6

⑭ 障害の状態の有無　ある・(ない)　／　ある・(ない)　／　ある・ない

⑮ 父の状況　イ離婚 (ロ死亡) ハ障害 ニ生死不明 ホ拘禁 ヘ未婚 ト その他

- **一部支給停止該当開始月の起算日となる重要な日付。監護または養育を始めた年月日がわかる公的書類を添付すること**

- **請求時未婚でも、事実婚中に懐胎した児童であれば事由は「離婚」とする。婚姻解消から300日以内に生まれた子の場合も「離婚」とします**

⑯ 父　氏名　相続 太郎　／　同左
生年月日　昭和57年7月7日
現在父が死亡・生死不明・拘禁のときは、その該当事由及び該当年月日　(平成)昭和 27・8・15　死亡

⑰ 母　氏名　相続 花子　／　同左
生年月日　昭和60年3月3日
現在父が死亡・生死不明・拘禁のときは、その該当事由及び該当年月日　昭和・平成　・　・

- **該当に丸をすること。特別児童扶養手当受給者のみ「ある」に該当する。同時に申請する場合はその旨を記載すること**

⑱ 児童が父又は母の死亡により受けることができる公的年金・遺族補償の受給状況又は児童が加算の対象となっている公的年金の受給状況
　(受けることができる)　種類(遺族厚生)　支給停止　受けることができない　基礎年金番号・年金コード（　　）
　(受けることができる)　種類(遺族厚生)　支給停止　受けることができない　基礎年金番号・年金コード（　　）
　受けることができる　種類　支給停止　受けることができない　基礎年金番号・年金コード（　　）

⑲ 身体障害者手帳の番号及び障害等級
公的年金の証書の記号番号　種類・障害等級
父の職業又は勤務先名

| ※※ | 認定・却下 | 支給開始月 年 月 | 対象児童数 人 | 支給停止 支給 一部停止 全部停止 | 手当月額 月から 円 月から 円 月から 円 | 支払期別金額 12月 円 4月 円 8月 円 | 証書番号 第 |

◎裏面の注意をよく読んでから記入してください。※、※※の欄は記入する必要がありません。字は楷書ではっきり書いてください。記名押印に代えて署名すること

第3章 役所関係への手続き 1

> 請求日が1〜6月まで：前々年分所得
> 7月〜12月まで：前年分所得
> を記入すること

> 2人以上いる場合は、所得の高い2人をこちらに記入し、残りの扶養義務者は「扶養義務者の所得状況について」に記入すること

	あなたと、あなたの配偶者・同居している扶養義務者の所得について			
⑳ 平成　　年分所得 氏名		㉑ 請求者	㉒ 配偶者	㉓ 扶養義務者
㉔ 控除対象配偶者及び扶養親族の合計数（うち老人扶養親族の数（請求者については、㋑老人控除対象配偶者及び老人扶養親族の合計数 ㋺特定扶養親族の数））		（㋑）人 （㋺）人 人	（　）人 人	2 人 （　）人	（　）人 人
㉕ ㉔以外で前年の12月31日において請求者によって生計を維持していた児童		人			

> 課税台帳で扶養親族の数、控除の種類を確認し記入誤りのないようにすること

所得税	㉖ 児童扶養手当法施行令第4条第1項による所得の額	※ 円	※ 円	※ 円
	㉗ 児童扶養手当法施行令第3条に定める金品等の額	円	円	円
	母に対し支払われた額	円	円	円
	母に対し支払われた額の8割相当額 A	円	円	円
	児童に対し支払われた額	円	円	円
	児童に対し支払われた額の8割総合額 B	円	円	円
	合計 A＋B	円	円	円
控除	㉘ 障害者控除	人 人 障 特 円	人 人 障 特 円	人 人 障 特 円	人 人 障 特 円
	㉙ 寡婦・寡婦の特別加算（請求者が父の場合は控除しない。）、寡夫、勤労学生控除		寡・寡 特・謹 円	寡・寡 特・謹 円	寡・寡 特・謹 円
	㉚ 雑損控除	円	円	円
	㉛ 医療費控除	円	円	円
	㉜ 小規模企業共済等掛金控除	円	円	円
	㉝ 配偶者特別控除	円	円	円
	㉞ 地方税法附則第6条第1項による免除（肉用牛の売却による事業所得）	円	円	円
児童扶養手当法施行令第4条第1項による控除		円	円	円
㉟ 控除後の所得額		円	円	円
所得制限限度額	全部支給	円	円	円
	一部支給	円	円	円

関係書類を添えて、児童扶養手当の受給資格の認定を請求します。

　　　平成　　年　　月　　日

> 公的年金調書を除く、すべての添付書類がそろい、町村が受け付けた日を、窓口で原則、請求者本人が記入すること

都道府県知事（福祉事務所長）
市町村長（福祉事務所長）　　殿　　　氏名　　　　　　　　　　　㊞

※審査	公的年金照合	あり　種類 なし　（　　　）	㉑〜㉟の欄及びその他の事項	

上記のとおり相違ありません。
　　　平成　　年　　月　　日　　　　　町村長　　　　　　　印

> 町の課税台帳で確認した場合は「課税台帳確認済」と記載します

※添付書類	戸籍住民票	イ 公的年金調書　　ロ 診断書・X線フィルム　　ハ 生死不明証明書　　ニ 遺棄申立書・証明 ホ 拘禁の証明書　　ヘ 養育費等に関する申告書 養育申立書・証明、別居監護申立書・証明、前住地の所得証明書 その他（　　　　　　　　　　　　　　）
備考		

> 事由発生から6か月以上経過している場合は、請求が遅れた理由を備考欄に記載します（二重請求の防止）

57

13 「復氏届」の提出

いつまでに 特になし
どこへ 故人の配偶者の本籍地または住所地の市区町村役場

配偶者の死後は旧姓に戻ることも可能

　結婚して配偶者の姓を名乗っていた人は、配偶者の死後、婚姻中の姓のままでいるか旧姓に戻るかを、本人の意思で自由に決めることができ、役場に「復氏届」を提出すると旧姓に戻ることができます。

　復氏届を提出すると、亡くなった配偶者の戸籍から抜け、結婚前の戸籍に戻ります。

　結婚前の戸籍に戻りたくない場合は、分籍届を別に提出すれば、新しい戸籍を作ることもできます。

　ただし、復氏届で旧姓に戻った場合でも、亡くなった配偶者との親族関係はそのままで、扶養の義務や姻族としての権利は継続することになります。

手続き方法

　届出人の印鑑と戸籍謄本（提出する役場が本籍地ならば不要）を持参のうえ、市区町村役場に届出をします。

必要書類等

☐ 復氏届
☐ 届出人の印鑑
☐ 届出人の戸籍謄本（提出する役場が本籍地なら不要）

◎「復氏届」の記載例◎

復 氏 届

平成 27 年 9 月 20 日届出

名古屋市　長 殿

	受理 平成　年　月　日 第　　　　号	発送 平成　年　月　日
	送付 平成　年　月　日 第　　　　号	長印
	書類調査　戸籍記載　記載調査　附票　住民票　通知	

（いまの氏名を記入します）

復氏する人の 氏　　名	（よみかた）　て つ づ き　　ゆ り こ 氏　　手続　　名　　有利子　　昭和39年 2月 6日生
住　　所 （住民登録をしているところ）	愛知県名古屋市中村区太閤1丁目〇番〇号 世帯主の氏名　手続　有利子
本　　籍	愛知県名古屋市中村区太閤1丁目〇番 筆頭者の氏名　手続　三郎

（これから名乗る元の氏名を記入します）

復する氏 父母の氏名 父母との続き柄	氏（よみかた）そうぞく 相続　　　母　花子　　続き柄　長女
復氏した後の本籍	□もとの戸籍にもどる　☑新しい戸籍をつくる　（よみかた）そうぞく ゆりこ 愛知県名古屋市中村区太閤1丁目〇番　筆頭者の氏名　相続 有利子
死亡した配偶者	氏名　手続　三郎　　　平成27年 8月 10日死亡
その他	
届出人署名押印	手続　有利子　㊞

字訂正　字加入　字削除

届出印

住定年月日　　・　　・

日中連絡のとれるところ
電話（　　　）
自宅　勤務先　呼出（　　　方）

第3章　役所関係への手続き 1

59

14 「姻族関係終了届」の提出

いつまでに 特になし
どこへ 故人の配偶者の本籍地または住所地の市区町村役場

配偶者の親族との婚姻関係を終了させることもできる

配偶者が亡くなっても、配偶者の親族との姻族関係はそのまま継続されます。この場合、亡くなった配偶者の父母や兄弟姉妹などの扶養義務を負うことがあります。

配偶者の死後、配偶者の血族との縁を切りたい場合は、役場に「姻族関係終了届」を提出することができます。姻族関係を終わりにするかどうかは、本人の意思で自由に決めることができ、配偶者の血族の了解は不要です。

姻族関係終了届を提出して姻族関係を終わりにしても、相続関係には影響を及ぼしませんし、戸籍はそのままの状態となります。戸籍も配偶者の戸籍から別にしたいときは、復氏届を提出しなければなりません。

このように姻族関係終了届は、配偶者の血族との親戚関係を終了させるもので、配偶者の父母や兄弟姉妹などの扶養義務もなくなります。

手続き方法

故人の配偶者（届出を行う人）の印鑑と戸籍謄本（提出する役場が本籍地ならば不要）を持参のうえ、市区町村役場に届け出ます。

必要書類等

- ☐ 姻族関係終了届
- ☐ 届出人の印鑑
- ☐ 届出人の戸籍謄本（提出する役場が本籍地なら不要）

◎「姻族関係終了届」の記載例◎

姻族関係終了届

平成 27 年 9 月 20 日届出

名古屋市 長 殿

受理 平成 年 月 日 第 号	発送 平成 年 月 日
送付 平成 年 月 日 第 号	長印
書類調査 戸籍記載 記載調査				

(よみかた)	氏 てつづき	名 ゆりこ	
姻族関係を終了させる人の氏名	手続	有利子	昭和39年 2月 6日生
住 所 (住民登録をしているところ)	愛知県名古屋市中村区太閤1丁目○ ~~番地~~ ○号		
	世帯主の氏名 手続 有利子		
本 籍	愛知県名古屋市中村区太閤1丁目○ ~~番地~~ 番		
	筆頭者の氏名 手続 三郎		
死亡した配偶者	氏名 手続 三郎　　平成27年 8月 10日死亡		
	本籍 愛知県名古屋市中村区太閤1丁目○ ~~番地~~ 番		
	筆頭者の氏名 手続 三郎		
その他			
届出人署名押印	印		

日中連絡のとれるところ
電話（ ）
自宅 勤務先 呼出（ 方）

字訂正
字加入
字削除

届出印

第3章 役所関係への手続き 1

61

15 「改葬許可申請書」の提出

いつまでに 特になし
どこへ 旧墓地のある市区町村役場

「お墓の引越し」には許可が必要

改葬とは、一度葬った遺骨を別のところへ葬りなおすことで、いわゆる「お墓の引越し」です。

改葬を行おうとする人は、「墓地、埋葬等に関する法律」の第5条により、遺骨が納められている市区町村長の許可を受けなければなりません。

手続き方法

「改葬許可申請書」に必要事項を記入・押印のうえ、納骨されている墓地・納骨堂などの管理者に埋蔵・収蔵の証明を受け、市区町村役場に提出します。

「改葬許可申請書」に基づいて改葬許可書が交付されるので、新たに使用する墓地・納骨堂などの管理者に改葬許可書を提出し、遺骨を納めることになります。

必要書類等

☐ 改葬許可申請書
☐ 申請者の認印

◎「改葬許可申請書」の記載例◎

改葬許可申請書

福井 市 長 あて　　　　　　　　　　平成 27 年 11 月

下記のとおり改葬したいので許可を申請します。

> 申請する人について記入します

申請者　住所　東京都中野区中野5丁目○番○号　NSハイツ1103号室

　　　　氏名　相続　一郎　㊞（相続）　死亡者との続柄　長男

代理人　住所　

　　　　氏名　　　　　　　　　　　申請者との続柄

注）死亡者との続柄は、死亡者からみた申請者の続柄を記入してください。

> 亡くなった人について記入します

死亡者	本　籍	東京都新宿区西新宿6丁目○番○号		
	住　所	東京都新宿区西新宿1丁目○番○号		
	氏　名	相続　太郎	性別	㊊・女
	死亡年月日	明大昭㊛ 27 年 8 月 15 日		
	火葬場名称（土葬の場合は墓地の名称）	落合斎場		
	火葬又は土葬の年月日	明大昭㊛ 27 年 8 月 17 日		
	改葬の理由	墓地移転のため		
	改葬の場所	東京都港区青山2-32-2　東京都立青山霊園		

注）上記の内容を記入し、墓地・納骨堂管理者の証明印を押印してもらってください。

上記　☑埋葬
　　　□埋蔵の事実を証明します。
　　　□収蔵

平成27年10月30日

墓地・納骨堂管理者
住　　所　　福井市大森町○○－○
名称(寺院名等)　福井西霊園
代表者氏名　青木伸男　㊞（青木）

決　　議			許可番号	№.	許可証交付割印欄	収入証紙貼付欄
課長	係長	係				
			処理年月日			

第3章　役所関係への手続き1

63

16 営業免許等、許認可の変更届

いつまでに 概ね3か月以内
どこへ 許認可の官庁

📄 飲食店等の営業許可を継承する場合

飲食店の営業や食品の製造・販売を行う場合、保健所などの営業許可の取得が必要な場合があります。

許可を受けた営業者が亡くなり、その相続人が営業者の地位を承継する場合は、承継する相続人が届け出る必要があります。

📄 手続き方法

必要書類は営業の種類や管轄地域によって若干変わってきますが、一般的には以下のものを、許認可を出す役所に確認して届け出ます。

✏️ 必要書類等

- ☐ 相続・合併・分割による許可営業者の地位承継届出書（保健所に備え付けられています）
- ☐ 戸籍関係（被相続人の除籍謄本、相続人との関係がわかる戸籍など）
- ☐ 営業許可証
- ☐ 営業者承継同意証明書（承継する相続人以外に相続人がいる場合）

なお、食品関係で営業許可が必要な主な業種は、以下のとおりです。

飲食店営業、飲食店営業（露店）、喫茶店営業、菓子製造業、菓子製造業（露店）、あん類製造業、アイスクリーム類製造業、乳処理業、特別牛乳さく取処理業、乳製品製造業、集乳業、乳類販売業、食肉処理業、食肉販売業、食肉製品製造業、魚介類販売業、魚介類せり売営業、魚肉ねり製品製造業、食品の冷凍又は冷蔵業、食品の放射線照射業、清涼飲料水製造業、乳酸菌飲料製造業、氷雪製造業、氷雪販売業、食用油脂製造業、マーガリン又はショートニング製造業、みそ製造業、醤油製造業、ソース類製造業、酒類製造業、豆腐製造業、納豆製造業、めん類製造業、そうざい製造業、かん詰又はびん詰食品製造業、添加物（法11条1項）製造業

◎「相続・合併・分割による許可営業者の地位承継届出書」の記載例◎

相続・合併・分割による許可営業者の地位承継届出書

平成27年 8月 20日

神戸市保健所長 あて

(相続)・合併・分割があったため、食品衛生法第53条第1項の規定により許可営業者の地位を承継したので同条第2項の規定により届け出ます。

届出者の住所 (合併・分割の場合は主たる事務所の所在地)	〒651-0085 神戸市中央区八幡通〇-〇-〇 TEL (078) 251 - 2222　FAX (078) 251 - 3333
ふりがな 氏名及び生年月日 (合併・分割の場合は名称及び代表者の氏名)	そうぞく　いちろう 相続　一郎　　昭和36年 1月 6日生
被相続人との続柄 (相続の場合に記載)	長男
被相続人の氏名及び住所 (合併・分割の場合は、消滅した法人・分割前の法人の名称、主たる事務所の所在地及び代表者の氏名)	神戸市中央区八幡通〇-〇-〇 相続　太郎
相続開始の年月日 (合併・分割の場合は合併・分割の年月日)	平成27年 8月 15日
営業所所在地	神戸市 中央区 八幡通〇-〇-〇
営業の種類	飲食店営業
現に受けている許可の番号及びその年月日	許可第　2627　号、平成24年 5月 10日
ふりがな 営業所の名称、屋号又は商号	そうぞくしょくどう 相続食堂

※複数業種を一括届け出する場合は裏面に記入します

備考　1　この届出書は、本人又はその代理人が記入するものです。
　　　2　この届出書には、相続による承継の届出にあってはその事実を証する書面として戸籍謄本(相続人が2人以上ある場合において、その全員の同意により当該営業を承継すべき相続人を選定したときにあっては、戸籍謄本(被相続人の死亡及び相続人の範囲が確認できるものに限る。)及びその全員の同意書)を、合併による承継の届出にあってはその事実を証する書面として合併後存続する法人又は合併により設立された法人の登記簿の謄本を、分割による承継の届出にあってはその事実を証する書面として分割により営業を承継した法人の登記簿の謄本を添付してください。
　　　3　営業許可済証を添付してください。

17 印鑑証明カードの返却

いつまでに	死亡後すみやかに
どこへ	住所地の市区町村役場

届出の必要はないが、印鑑証明カードは返却する

　印鑑登録をしていた人が亡くなった場合、その人の死亡届が提出されれば、印鑑登録の廃止手続きは自動的に行われるので届出は必要ありません。ただし、印鑑証明カードは返却します。

必要書類等

☐ 故人の印鑑証明カード
☐ 届出人の身分証明書（運転免許証やパスポート等）

18 住民基本台帳カードの返却

いつまでに ▶ 死亡後すみやかに
どこへ ▶ 住所地の市区町村役場

住基カードは高齢者の保有率が高くなっている

　住民基本台帳カード（住基カード）は、住所地の市区町村で交付が受けられるセキュリティに優れたICカードです。電子証明書による本人確認を必要とする行政手続きのインターネット申請や、本人確認の必要な窓口で公的な身分証明書として利用することができます。また、金融機関での取引時などにおける本人確認書類にも位置づけられています。

　写真付き住基カードはさまざまな場面で、公的な身分証明書として本人確認や年齢確認に活用でき、記載内容は身分証明書として足りるだけの項目を記載しつつも、個人情報の保護に配慮されています（本籍地は記載されない）。運転免許証などの身分証明書を持たない人には、写真付き住基カードは最適な身分証明書となることから、高齢者の保有率も高くなっています。

手続き方法

　死亡届の提出により住民基本台帳カードは自動的に失効しますが、住民基本台帳カードを使った借金の借入れなどに悪用されるケースもあるので、返納することをお勧めします。住民基本台帳カードの返納には、代理人の証明や委任状は不要です。窓口備え付けの「住民基本台帳カード返納届」に必要事項を記入して、カードを返却します。

必要書類等

- [ ] 故人の住民基本台帳カード
- [ ] 届出人の身分証明書（運転免許証やパスポート等）

◎「住民基本台帳カード返納・廃止届」の記載例◎

住民基本台帳カード 返納・廃止届

（あて先）
　　新宿区　　長

平成 27 年 8 月 20 日

下記の理由により、住民基本台帳カードを返納・廃止します。

住　　所	東京都新宿区西新宿１丁目○番○号		
フリガナ 氏　　名	ソウゾク　タロウ 相続　太郎		
住民票コード	21234567890		
生年月日	男・大・㊭・平　　7 年 7 月 7 日	性別	㊚・女
連絡先	03-7777-7777		
返納・廃止 理　　由	☐ 転出（付記転出を除く）　　☐ 付記転入届をした ☐ 法の適用を受けない者となった ☑ 住民票が消除された ☐ 住民票コードが変更になった ☐ 有効期間が満了した ☐ 再交付後、紛失したカードを発見 ☐ 任意返納 ☐ 紛　失　　　　　　☐ 破損・汚損 ☐ 盗　難　　　　　　☐ 使用中止 ☐ その他（　　　　　　　　　　　　　　）		

代理人の場合は、下記に記入してください。なお、届出には本人が作成した委任状が必要です。

代理人	住　　所	東京都新宿区西新宿１丁目○番○号
	氏　　名	相続　花子
	連絡先	03-7777-7777

確認方法
　運転免許証・その他（　　　　　　）

受　付	回　収	入　力

コラム 住基カード・パスポート・運転免許証は返却が必要？

　ときおり「形見として免許証を手元に置いておきたいのだけれど」といった相談を受けることもあります。故人の住基カード、パスポート、運転免許証などの身分証明書は返却が必要なのでしょうか？

　もちろん原則は、「返却すべき」なのですが、「形見として」という気持ちもわからなくはありません。「有効期限が数年のうちに来るから届出なんて必要ないんじゃないか」という人もいます。

　ただ、故人の身分証明書を悪用して借金やその他の詐欺被害が発生していることも事実です。紛失などの場合と同じように発行元が知っているかどうかによっても被害を未然に防げたり、被害額の大きさが変わってきたりします。そういう意味でも、身分証明書は返却をお勧めしているのです。

　パスポートや運転免許証は、本人が亡くなったことを届け出る際に、無効処理（ボイド処理）をして返してほしい旨申し出ると、銀行の使用済み通帳のようにパンチ穴をあけたり、無効処理済みの印を押したりして返してくれます。

　手間がかかる作業ではありますが、必要なら、ぜひ届出をしたうえで、無効となった身分証明書を形見としてお持ちください。

19 国民健康保険証の返却

いつまでに 死亡後14日以内
どこへ 住所地の市区町村役場

亡くなった人が国民健康保険に加入していたとき

　日本の健康保険制度は「国民皆保険」が基本で、国内に住所がある人であれば、年齢や国籍（外国籍の人は在留期間が1年以上と決定された場合）に関係なく、なにかしらの健康保険に加入しなくてはなりません。次の①から⑤の要件にあてはまらない人は、国民健康保険に加入します。
①勤務先で健康保険に加入している人とその扶養家族（任意継続を含む）
②船員保険に加入している人とその扶養家族
③国民健康保険組合に加入している人とその世帯家族
④75歳以上の人（後期高齢者医療制度の対象者）
⑤生活保護を受けている人
　国民健康保険は各市区町村が運営しており、加入や脱退などの手続きは住民登録のある市区町村役場で行います。

世帯主が死亡したときは健康保険証の書き替えが必要

　国民健康保険に加入している人が死亡したときは、死亡届を提出すると国民健康保険の資格は喪失します。
　世帯主が死亡したときは、被保険者全員の国

国民健康保険被保険者
APPLICATION FOR TERMINATION OF NATIONA

届出年月日 Today's date	
世帯主の氏名 Name of householder	相続
電話番号 Phone number	03-7777-
住　所 Address in Shibuya	渋谷区 渋谷

氏名（国保をやめる人）
Name (Leaving-NHI)

	フリガナ	
1	ソウゾク　タロウ	相続　太郎
2	フリガナ	
3	フリガナ	
4	フリガナ	

世帯主が亡くなったときは加入者全員の保険証を提出します

届出人	氏名	相続
	世帯主との関係（	

備考欄
確認先
電話番号

70

民健康保険証の書き替え手続きが必要になります。世帯主以外の人が死亡したときは、その人の健康保険被保険者証を返納することになります。

必要書類等

- ☐ 国民健康保険被保険者資格喪失届
- ☐ 国民健康保険被保険者証（世帯主の場合は加入者全員の保険証）
  ※死亡した本人の保険証は、葬祭費の申請時に回収されます。
- ☐ 認印
- ☐ 戸籍謄本等、死亡を証明するもの（不要の場合もあり）

◎「国民健康保険被保険者資格喪失届」の記載例◎

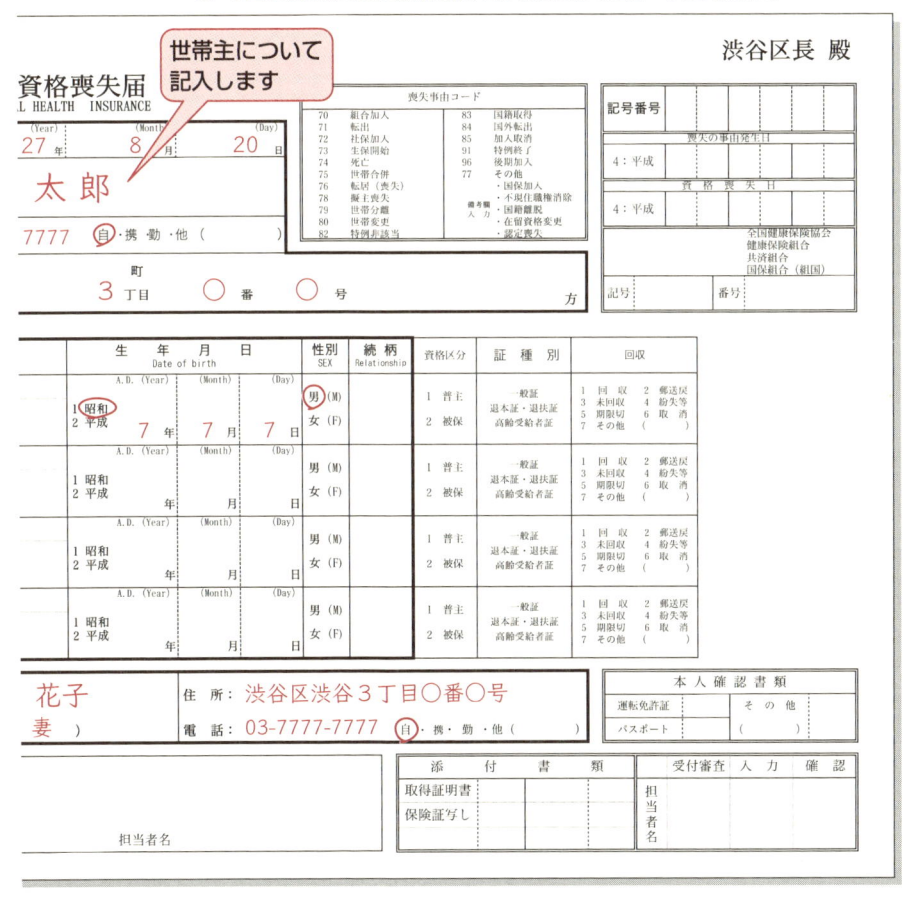

20 介護保険の保険証の返却

いつまでに 死亡後14日以内
どこへ 住所地の市区町村役場

📄 介護保険被保険者証も返却する必要がある

介護保険制度による介護保険証（介護保険被保険者証）を持っている人が亡くなった場合は、市区町村の介護保険課に対して保険証の返納手続きが必要となります。

📄 被保険者手続き方法

65歳以上の人（第1号被保険者）が死亡した場合は、「介護保険資格取得・異動・喪失届」を提出し、介護保険被保険者証を返却します。

40歳以上65歳未満の医療保険加入者（第2号被保険者）のうち、国の定める特定疾病により要介護（要支援）認定を受けていた人が死亡した場合も、「介護保険資格取得・異動・喪失届」を提出し、介護保険被保険者証および他に交付を受けている介護保険負担限度額認定証等を返却します。

第1号被保険者が亡くなった場合に届け出ると、介護保険料額が精算され、介護保険料を納めすぎていた場合は遺族（相続人）に還付（返金）され、不足の場合は遺族（相続人）がその分を納付します。

✏️ 必要書類等

- ☐ 介護保険資格取得・異動・喪失届
- ☐ 介護保険被保険者証
- ☐ 認印
- ☐ 戸籍謄本等、死亡を証明するもの（不要の場合もあり）

◎介護保険の保険証を返却するときの記載例◎

介護保険資格取得・異動・喪失届

新宿 市区町村長
次のとおり届け出ます。

届出人氏名	相続 花子	本人との関係	妻

届出人住所	〒163-1518 新宿区西新宿1丁目○番○号 電話番号　03-7777-7777

届出日	異動日
平成 27 年 8 月 20 日	平成 27 年 8 月 15 日

届出事由　本人死亡のため

資格異動年月日
取得・異動・喪失　27 年 8 月 20 日

取得事由：市外転入／職権復活／65歳到達／適用除外非該当／その他取得
喪失事由：市外転出／職権喪失／死亡／適用除外該当／その他喪失
異動事由：氏名変更／住所変更／世帯変更

→ 届出人について記入します

フリガナ 氏　名	生年月日	性別	続柄	被保険者番号	要介護認定の有無	介護保険施設入所の有無	備考
ソウゾク タロウ 相続 太郎	明・大・昭・平 7・7・7	男・女	本人	12345	有・無	有・無	
	明・大・昭・平 ・・	男・女			有・無	有・無	
	明・大・昭・平 ・・	男・女			有・無	有・無	
	明・大・昭・平 ・・	男・女			有・無	有・無	
	明・大・昭・平 ・・	男・女			有・無	有・無	

→ 亡くなった人について記入します

第3章　役所関係への手続き　1

21 パスポートの返却

| いつまでに | 死亡後すみやかに |
| どこへ | 国内／都道府県パスポートセンター　国外／日本大使館または総領事館 |

申し出れば手元に残すことができる

　故人のパスポートを、名義人が死亡した事実がわかる書類（戸籍謄本等）とともに、国内では最寄りの都道府県パスポートセンター、国外では最寄りの日本大使館または総領事館に届け出て返却手続きを行います。

　その際、手元に残しておきたい旨を申し出れば、使用できないよう（ボイド処理）にして遺族の元へ返してくれます。

必要書類等

- □ 故人のパスポート
- □ 名義人が死亡した事実がわかる書類（戸籍謄本等）
- □ 届出人の身分証明書（運転免許証やパスポート等）

コラム　パスポートは世界で通用する身分証明書

　パスポート（旅券）は海外へ行くときには、必ず所持携帯しなければなりません。

　パスポートは日本国政府が外国政府に対して、その所持人が日本国民であることを証明するための世界で通用する身分証明書です。また、パスポートには日本国外務大臣の名前で「日本国民である本パスポートの所持人を通路故障なく旅行させ、同人に必要な保護扶助を与えられるよう、関係の諸官に要請する」と記された公文書でもあります。出入国審査、ビザを申請するとき、トラベラーズ・チェックを使用するとき、海外で身分証明書の提示を求められたときなどに必要です。

　国（政府）が発行する公的書類として、国外においては身分を証明する最も公的で通用度の高い身分証明書とされるばかりでなく、国内でも身分証明書として利用されています。

22 シルバーパスの返却

いつまでに 死亡後すみやかに
どこへ 住所地の市区町村役場

負担金が返還されることもある

　東京都の場合、都内在住で満70歳以上の人は、指定区域内の路線バス・都営交通を自由に乗り降りできる「シルバーパス」の交付を受けることができます。これを使っていた人が亡くなったときは、シルバーパスを窓口に返還し、負担金の返還がある場合は返金手続きをします。
　なお、こうした制度のない自治体もあります。

＜東京都の場合＞
・有効期間開始日前の返還は、券種を問わず全額返還（手数料不要）
・有効期間開始日以後の返還の場合
　　1,000円パスは払い戻しなし
　　20,510円券は、その使用月により負担金の一部を返金。使用月によっては返金がない場合もある（手数料500円）
・シルバーパス常設窓口にある払戻請求書に所要事項を記入して申し出る

必要書類等

□ 故人のシルバーパス
□ 届出人の身分証明書（運転免許証やパスポート等）
□ 払戻請求書（払戻金がある場合）

23 高齢者福祉サービスの停止

| いつまでに | 死亡後すみやかに |
| どこへ | 住所地の市区町村役場 |

📄 サービスの停止を申し出る

高齢者福祉サービス利用者が亡くなったことを届け出て、サービスの提供を停止します。緊急通報システムなどの設置がある場合は、装置の取り外し、返却と費用精算などの手続きをします。

✒ 必要書類等

- ☐ 死亡記載のある戸籍謄本
- ☐ 各窓口備え付けの届出書
- ☐ 届出人の身分証明書（運転免許証やパスポート等）
- ☐ 届出人の認印

コラム 自治体によっては独自の高齢者福祉サービスがある

高齢者であれば、介護保険を利用することもできます。ただ、介護保険では対応しきれないようなこともあります。そこで、たとえば、老人医療費助成制度、一人暮らし老人の安全を守る緊急通報システム、比較的元気な高齢者向け養護老人ホーム入所の相談などのほか、以下のような多様なサービスを独自で実施している自治体もあります。

- ・社会参加・生きがい対策（老人クラブなど）
- ・屋根雪等除雪支援事業
- ・高齢者・障害者おでかけパス事業や通院支援タクシー券交付事業
- ・高齢者配食サービス事業
- ・緊急ショートステイサービス事業
- ・家族介護慰労事業（介護手当支給）
- ・家族介護用品支給事業（おむつ券支給）

24 身体障害者手帳・療育手帳などの返却

いつまでに 死亡後すみやかに
どこへ 住所地の市区町村役場

身体障害者手帳や療育手帳は返納する

身体障害者手帳や療育手帳の交付を受けていた人が亡くなった場合は、各市区町村の福祉課等の窓口に対して返納の手続きが必要になります。

必要書類等

- □ 身体障害者手帳返還届（療育手帳資格喪失届）
- □ 身体障害者手帳（療育手帳）
- □ 届出人の認印

コラム　身体障害者手帳とは？　療育手帳とは？

身体障害者手帳は、身体障害者福祉法別表に掲げる身体上の障害程度に該当すると認定された人に対して、身体障害者の自立と社会経済活動への参加を促進するため交付されるものです。

身体障害者が、次のような各種福祉サービスを受けるために必要となります。

・補装具（補装具費の支給を受ける）
・自立支援医療（更生医療）
・施設の利用
・日常生活用具の給付（市区町村によって異なる）
・その他の優遇措置（所得税・相続税・住民税・自動車税等、JR・航空旅客運賃割引・有料道路通行料金割引・ＮＨＫ放送受信料割引等）

また、療育手帳とは、知的障害のある人が一貫した療育・援護、各種制度やサービスを受けやすくするために交付される手帳です。障害程度により、A（重度）とB（その他）に区分されます。

第3章　役所関係への手続き 1

25 農地法の届出

いつまでに 権利の取得を知った日から10か月以内
どこへ 市区町村役場の農業委員会

相続や遺産分割などで農地を取得したときに必要な届出

通常、売買等により農地を取得する場合は、農地法第3条の許可が必要になりますが、相続、遺産分割、包括遺贈、時効取得などにより農地を取得した場合は、その農地がある市区町村の農業委員会に、その旨を届け出る必要があります。

この届出は、農地法の許可を要しない権利の取得について、農業委員会が農地の所有者や権利関係を把握できるようにして、届出のあった農地の利用を促進するためのあっせん等を行い、農地の有効利用を図るねらいがあります。この届出は、所有権移転登記に代わるものではありません。したがって、登記手続きは別途必要になります。

届け出なかったり、虚偽の届出をした者は、10万円以下の過料に処せられることもあるので、農地を相続した場合は必ず届け出ましょう。

手続き方法

農地の権利を取得した人が、その農地がある地元の農業委員会へ「農地法第3条の3第1項の届出書」を提出します。農地取得権利者へ農業委員会から「受理通知書」が発行されます。

必要書類等

- ☐ 届出書
- ☐ 認印
- ☐ （代理人が届け出る場合は）委任状
- ☐ 農地の権利を取得した状況がわかるもの（登記事項証明書、遺産分割協議書等）

26 森林法の届出

いつまでに 所有者となってから90日以内
どこへ 市区町村役場の農政課、農林課等森林を管轄する課

相続などで森林の土地を取得したときに必要な届出

　個人、法人を問わず、売買や相続等により森林の土地を新たに取得した場合、面積に関わらず届け出る必要があります。ただし、国土利用計画法に基づく土地売買契約の届出を提出している人は対象外です。

　届出期間は、新しく森林の土地の所有者となった日から90日以内。相続の場合は、相続開始の日から90日以内に遺産分割が整っていない場合でも、法定相続人の共有物として届け出て、相続人が確定したときに再び届け出る必要があります。

手続き方法

　「森林の土地の所有者届出書」に、届出者と前所有者の住所・氏名、所有者となった年月日、所有権移転の原因、土地の所在場所および面積とともに、土地の用途等を記載し、取得した土地のある市区町村の長に届け出ます。面積はヘクタールで記載する必要があるので注意してください。

　添付書類として、登記事項証明書（写しも可）など権利を取得したことがわかる書類の写し、土地の位置を示す図面が必要です。

必要書類等

☐ 届出書
☐ 認印
☐ （代理人が届け出る場合は）委任状
☐ 土地の位置を示す図面（登記事項証明書や土地売買契約書などの土地の権利を取得したことがわかる書類、写しでも可）

27 鉄砲刀剣類の登録変更

いつまでに 変更があった日から20日以内
どこへ 当該鉄砲刀剣類を登録した都道府県の教育委員会

故人が所有していた鉄砲や刀剣類の登録を確認する

　鉄砲や刀剣類の所持は、一般的には禁止されています。ただし、例外の1つに「美術品若しくは骨董品として価値のある火縄式銃砲等の古式鉄砲又は美術品として価値のある刀剣類」は、所有者の住所地の都道府県教育委員会に登録することで所持することができます。

　所有者が亡くなったときは、以下の手順で登録します。

1　都道府県の教育庁地域教育支援部管理課文化財保護係へ電話して、手元の鉄砲刀剣類に対応する登録がされていることを確認してください。遺族等であれば電話で、登録番号または所有者であった人の住所・氏名を伝えることで検索可能です。

　「登録証」を亡失した場合は、最寄りの警察署会計課へ遺失物の届け出を行い、必ず「受理番号」を受けてください。

2　登録確認後、「所有者変更届出書」を作成し、登録証の写しもしくは受理番号を、教育庁地域教育支援部管理課文化財保護係まで提出し、申請手続きを行います。

3　登録証の再交付を受ける場合は、現物確認審査を受ける必要があります。定例の審査会で、審査委員が再交付のためのデータを採取し、それが登録原票と一致しているかどうかを検討します。現物確認審査の結果が基準を満たしていると判断されれば、再交付手数料（3,500円）を納入し、登録証の再交付を受けることができます。

必要書類等

☐ 所有者変更届出書
☐ 登録証の写し（亡失の場合は警察署からの受理番号）

第4章

役所関係への手続き 2

年金は、最初に加入制度を把握する

　年金制度は大変複雑なため、1人ひとり、受給できる名目や金額、手続き方法が異なってきます。遺族年金は、亡くなった人が加入・受給していた年金制度によって手続きや要件が変わってきます。受給していた年金証書などによって加入していた制度を理解し、手続き先の窓口に問い合わせながら進めていくとよいでしょう。

　年金制度は、故人が自営業者の場合は国民年金制度（遺族基礎年金）、会社員などの場合は厚生年金制度（遺族厚生年金）、公務員や教員だった場合は共済年金制度（遺族共済年金）と3つの制度があります。

　平成27年の10月1日から厚生年金制度と共済年金制度が1つの制度に移行しましたが、相続における手続き先は当分の間、厚生年金・共済年金の各制度の窓口が引き続き事務を行う予定となっています（一元化のため事務処理方法や窓口も順次変わっていくことになります）。

◎2015年10月からの年金制度のしくみ◎

				階層
		年金払い退職給付（退職等年金給付）		3階（独自の給付）
	厚生年金保険　民間サラリーマン ／ 国家公務員・地方公務員・私立学校教職員			2階（給料比例部分）
国 民 年 金 （基礎年金）				1階（定額部分）
自営業者等	公務員、民間サラリーマンの被扶養配偶者	民間サラリーマン	公務員等	
（第1号被保険者）	（第3号被保険者）	（第2号被保険者）		

＊公務員も厚生年金の被保険者となり、2階部分は厚生年金に統一されます。

　厚生年金と共済年金とで、遺族年金の転給制度（次ページ表⑤）などの差異がありましたが、表の①〜⑤については厚生年金にそろえることで差異の解消をはかるのが、今回の制度移行の原則になっています。

◎厚生年金保険と共済年金の比較◎

	厚 生 年 金	共 済 年 金
①被保険者の年齢制限	70歳まで	年齢制限なし（私学共済除く）
②未支給年金の給付範囲	死亡した者と生計を同じくしていた配偶者、子、父母、孫、祖父母、兄弟姉妹、またはそれ以外の3親等内の親族	遺族（死亡した者によって生計を維持していた配偶者、子、父母、孫、祖父母）、または遺族がないときは相続人
③老齢給付の在職支給停止	○老齢厚生年金受給者が厚年被保険者となった場合 ・65歳までは（賃金＋年金）が28万円を超えた場合、年金の一部または全部を支給停止 ・65歳以降は（賃金＋年金）が47万円を超えた場合、年金の一部または全部を支給停止 ○老齢厚生年金受給者が共済組合員となった場合 年金の支給停止なし	○退職共済年金受給者が共済組合員となった場合 （賃金＋年金）が28万円を超えた場合、年金の一部または全部を支給停止。職域部分は支給停止 ※私学共済の退職共済年金受給者が私学共済加入者となった場合は、厚年と同様の方式 ○退職共済年金受給者が厚年被保険者等となった場合 （賃金＋年金）が47万円を超えた場合、年金の一部または全部を支給停止
④障害給付の支給要件	初診日の前々月までの保険料納付済期間及び保険料免除期間を合算した期間が3分の2以上必要（保険料納付要件あり）	保険料納付要件なし
⑤遺族年金の転給	○先順位者が失権しても、次順位以下の者に支給されない（例：遺族年金受給中の子供のいない妻が死亡すると、その遺族年金は支給されなくなる）	○先順位者が失権した場合、次順位者に支給される（例：遺族年金受給中の子供のいない妻が死亡したとき、一定の場合、その遺族年金が父母等に支給される）
⑥女子の支給開始年齢（経過的措置）	○60歳台前半の特別支給の老齢厚生年金の支給開始年齢引上げは、男子の5年遅れのスケジュール（昭和21年4月2日以降生まれ～）	○60歳台前半の特別支給の退職共済年金の支給開始年齢引上げは、男子と同じスケジュール（昭和16年4月2日以降生まれ～）

28 高額療養費の請求

いつまでに 申請書が届いてからすみやかに（時効は診療月の翌月の1日から2年）
どこへ 国民健康保険の場合は住所地の市区町村役場、その他は加入の健康保険組合

故人の高額療養費の支給を請求できる

健康保険の加入者が、同じ月内に医療機関に支払った自己負担額（保険診療分）が一定の金額を超えた場合、その超えた金額が申請により高額療養費として支給されます。この制度は故人にも適用されます。

該当者（世帯）は診療月の約2か月後に、加入している公的医療保険（健康保険組合・協会けんぽの都道府県支部・市町村国保・後期高齢者医療制度・共済組合など）に、「高額療養費支給申請書兼請求書」を提出、または郵送することで支給が受けられます。その際、病院などの領収書の添付を求められる場合もあります。

加入の医療保険によっては、住所地の市区町村役場または加入の健保組合から、支給対象者（世帯）に高額療養費支給申請書兼請求書が郵送されたり、自動的に高額療養費を振り込んでくれるところもあります。

手続き方法

国民健康保険の場合は住所地の市区町村役場保険年金課で、その他の健保組合に加入している場合は、その組合の窓口に請求します。

必要書類等

- ☐ 高額療養費支給申請書兼請求書
- ☐ 死亡者との関係を証明できる戸籍の写し
- ☐ 該当している月の病院等の領収書
- ☐ 振込先口座のわかるもの（預金通帳等）
- ☐ 届出人の認印

29 高額介護サービス費の請求

いつまでに 申請書が届いてからすみやかに（時効は診療月の翌月の１日から２年）
どこへ 住所地の市区町村役場

故人の高額介護サービス費を忘れずに請求する

　介護サービスを利用した場合は、サービスにかかった費用の１〜２割を負担します（所得により異なります）。ただし、要介護区分ごとに定められた上限額（支給限度額）を超えてサービスを受ける場合、その超えた分は全額自己負担になります。

　その負担を軽減するため、在宅や施設で介護サービスを利用した額の合計が利用者負担の上限を超えた場合は、申請により超えた額が高額介護サービス費として支給される制度があります。

　なお、介護保険と医療保険（健康保険）の負担額の総額が限度額を超えた場合は、「高額医療合算介護サービス費」が支給されます。

手続きの方法

　故人が高額介護サービス費の支給対象となる場合には、利用月の約２か月後に支給申請の案内が居住地の市区町村役場の介護保険課から送付されるので、申請の手続きを行ってください。

　申請後、１〜２か月で支給されます。

必要書類等

☐ 申請者の印鑑（朱肉を使用するもの）
☐ 介護保険被保険者証
☐ 振込先口座のわかるもの（預金通帳等）
☐ 申立書／被保険者と相続人との関係がわかる戸籍謄本等
☐ 届出人の認印

30 ①遺族基礎年金、②寡婦年金、③死亡一時金、④未支給年金の請求

いつまでに ①は死亡から5年以内、②③は死亡から2年以内、④は死亡から10日以内（国民年金は14日以内）
どこへ 住所地の市区町村役場、または近くの年金事務所や年金相談センター

①遺族基礎年金の請求
── 国民年金に加入していた故人の配偶者または子が受け取れる

　国民年金に加入中の人が亡くなったときは、その人に生計を維持されていた「18歳到達年度末日までにある子（障害の状態にある場合は20歳未満）のいる配偶者」または「子」は、遺族基礎年金を受けることができます。

　　平成29年度受給額＝779,300円＋子の加算額

　　（子の加算額：第1子・第2子　各224,300円、第3子以降　各74,800円）

手続き方法

　日本年金機構の所定の用紙に記入し、必要書類を添付して住所地の市区町村役場に提出します。自宅近くの年金事務所や街角の年金相談センターで手続きをすることもできます。

　所定の用紙は、自宅に郵送してもらうことも可能です。②の寡婦年金、③の死亡一時金、④の未支給年金の手続きも同様にして行います。

必要書類等

- □ 故人の年金証書もしくは年金手帳
- □ 請求者の基礎年金番号がわかるもの
- □ 故人の除籍謄本・除票
- □ 世帯全員の住民票
- □ 請求者の所得証明書（生計維持確認のために必要となる。無職の人は市区町村役場で「課税（非課税）証明」、給与所得者は「源泉徴収票」）
- □ 死亡診断書（死体検案書）の写し

- ☐ 請求者の認印
- ☐ 受取人名義の預金通帳（写し可）

【死亡原因が第三者行為の場合に必要な書類】
- ☐ 交通事故証明または事故が確認できる書類
- ☐ 確認書（所定様式あり）
- ☐ 被害者に被扶養者がいる場合、扶養していたことがわかる書類（たとえば、確定申告書の控、健康保険証など）
- ☐ 損害賠償金の算定書

【その他の状況によって必要な書類】
- ☐ 年金加入期間確認通知書（死亡者が共済組合に加入していた期間があるとき）
- ☐ 年金証書（他の公的年金から年金を受けているとき、その加入先のもの）

②寡婦年金の請求
―――国民年金加入者の妻が受け取れる

　自営業者、学生、無職の人などが加入する国民年金にのみ加入している第1号被保険者（任意加入被保険者を含みます）としての保険料納付済期間と保険料免除期間が、合わせて25年以上ある夫が死亡したとき、夫によって生計を維持し、かつ夫との婚姻関係（事実婚を含みます）が10年以上継続している妻は、60歳から65歳までの間は寡婦年金を受給できます。

　ただし、夫が老齢基礎年金を受けたことがある場合、妻が老齢基礎年金の繰上げ支給を受けている場合、夫の死後に再婚した場合等は寡婦年金は支給されません。

　また、寡婦年金と死亡一時金の両方を受けられる場合には、どちらか一方だけを選ぶことになっています。受給額は、夫の死亡日前日までの第1号被保険者としての被保険者期間について、老齢基礎年金の計算方法により計算した額の4分の3です。

　なお、現在25年とされている受給資格期間は、消費税率が10％に引き上げられる平成29年4月1日から10年に短縮される予定です。

必要書類等

- ☐ 国民年金寡婦年金裁定請求書
- ☐ 除籍謄本
- ☐ 妻の所得証明書
- ☐ 受取人名義の預金通帳（写し可）
- ☐ 妻の年金手帳
- ☐ 死亡診断書（死体検案書）の写し
- ☐ 妻の認印

③死亡一時金の請求
——国民年金加入者の遺族が受け取れる

　第1号被保険者（任意加入被保険者を含みます）としての国民年金の保険料納付済期間が3年以上ある人が死亡したとき、遺族は死亡一時金が受け取れます。

　受給できる遺族の範囲は、死亡した人の配偶者、子、父母、孫、祖父母、兄弟姉妹の順番で、死亡したときに生計を同一にしていた人が対象になります。ただし、遺族に遺族基礎年金、寡婦年金の受給資格がない場合にかぎられます。

　寡婦年金と死亡一時金の両方の受給資格がある場合（故人の妻など）は、どちらか一方だけを選ぶことになります。

　受給額は、死亡日の前月までの第1号被保険者（任意加入被保険者を含みます）としての保険料納付済期間に応じて、以下のように定められています。また、付加保険料を3年以上納めた人が死亡した場合は、8,500円が加算されます。

＜受給額＞

保険料納付済期間	受給額
36月以上180月未満	120,000円
180月以上240月未満	145,000円
240月以上300月未満	170,000円
300月以上360月未満	220,000円
360月以上420月未満	270,000円
420月以上	320,000円

必要書類等

- ☐ 国民年金死亡一時金請求書
- ☐ 除籍謄本
- ☐ 認印
- ☐ 故人の年金手帳
- ☐ 住民票
- ☐ 受取人名義の預金通帳（写し可）

④未支給年金の請求
──故人が受け取るはずだった未払いの年金は遺族が受け取れる

年金を受け取っている人が亡くなると、その権利がなくなるため手続きが必要です。

まだ受け取っていない年金（もらい忘れ年金）や、亡くなった月の分が未入金の場合は、未支給年金として、故人と生計を同じくしていた遺族が受け取ることができます。別居の遺族が請求する場合は、民生委員などの第三者が証明する「生計同一関係に関する申立書」を添付します。

未支給年金を受け取れる遺族は、年金を受けていた人と生計を同じくしていた①配偶者、②子、③父母、④孫、⑤祖父母、⑥兄弟姉妹、⑦その他①～⑥以外の3親等内の親族で、受け取れる順位もこのとおりです。

必要書類等

- ☐ 未支給金（年金・保険給付）請求書
  故人が国民年金・厚生年金・船員のときは年金事務所
  故人が共済（JR、JT、NTT、農協にかぎる）、その他は各年金の支払い先の共済組合
- ☐ 故人の年金証書　　☐ 故人の除籍謄本・除票
- ☐ 請求者の戸籍謄本、住民票
- ☐ 死亡診断書（死体検案書）の写し
- ☐ 受取人名義の預金通帳（写し可）
- ☐ 生計同一関係に関する申立書（別居の遺族が請求する場合）

31 遺族共済年金の請求

いつまでに 死亡の日から5年以内
どこへ 各共済組合

各種共済組合の組合員が死亡した場合、遺族が受け取れる

　共済組合とは、国家公務員、地方公務員、私立学校職員等とその被扶養者が加入する制度で、勤め先によって加入している共済組合は異なります。遺族共済年金は、各共済組合の組合員が死亡した際、その遺族（配偶者、子、父母、孫、祖父母）に支払われます。

・在職中に組合員が死亡した場合（共済年金に加入していた期間が1年以上必要）
・失業等で共済年金の被保険者資格がなくなった状態で、加入していたときの病気やケガで亡くなったとき（初診日から5年以内に亡くなった場合）
・1級・2級の障害共済年金を受けている人が死亡した場合、老齢共済年金を受けている人、または受ける資格を満たしている人が亡くなったとき

手続き方法

　故人が加入していた各共済組合へ電話にて連絡し、各組合所定の用紙を取り寄せ、以下の必要書類を取得・同封し、返送します。

必要書類等

☐ 遺族共済年金決定請求書　　☐ 共済年金手帳
☐ 死亡診断書（死体検案書）の写し
☐ 故人の除籍謄本・除票　　☐ 請求者の戸籍謄本、住民票
☐ 認印　　☐ 受取人の所得証明書（無職の人は「課税（非課税）証明書」、給与所得者は「源泉徴収票」）　　☐ 受取人名義の預金通帳の写し

32 故人が共済組合に加入していたときの埋葬料の請求

いつまでに 葬祭を行った日の翌日から2年以内
どこへ 被保険者の加入していた共済組合

共済組合の加入者には埋葬料・家族埋葬料が支給される

　国家公務員や地方公務員などは、健康保険制度としてそれぞれの共済組合に加入しています。

　各共済組合の組合員が公務によらない理由で死亡したときは、被扶養者のうち埋葬を行うべき人に埋葬料が支給されます。また、組合員の被扶養者が死亡したときは、組合員に家族埋葬料が支給されます。

　埋葬料と家族埋葬料の支給額は5万円です（加入していた共済組合によって、金額が異なる場合があります）。ただし、埋葬を行うべき被扶養者のいない組合員が死亡した場合は、実際に埋葬を行った人に5万円の範囲内で、埋葬に要した費用（実費）が支給されます。

手続き方法

　請求書に埋葬許可証または火葬許可証の写しを添付して、共済組合（支部）に提出してください。埋葬を行うべき被扶養者がいない場合で、実際に埋葬を行った人が請求する場合は、費用の額に関する証拠書類（領収書など）が別途必要になります。

必要書類等

☐ 埋葬料・家族埋葬料・同附加金請求書
☐ 市区町村長の埋葬許可証または火葬許可証の写し
☐ 印鑑　　☐ 振込先口座がわかるもの
※埋葬を行うべき被扶養者がいない場合で実際に埋葬を行った人が請求する場合
☐ 費用の額に関する証拠書類（領収書）など

33 故人が国民健康保険に加入していたときの葬祭費の請求

いつまでに 葬祭を行った日の翌日から2年以内
どこへ 国民健康保険被保険者の住所地の市区町村役場

国民健康保険の被保険者が死亡したときは葬祭費を受け取れる

健康保険証は、被保険者や被扶養者が亡くなったときには、すみやかに返却・変更の手続きをします。そして、国民健康保険の場合は葬祭費を受け取ることができます。

また被扶養者として加入していた人が資格喪失後3か月以内に亡くなった場合にも、埋葬料が支給されます。支給額は各市区町村により異なり、3万～7万円ほどです。

手続き方法

国民健康保険の被保険者が死亡したとき、葬祭を行った人（喪主）が、被保険者の住所地の市区町村役場に必要書類をそろえて申請します。

必要書類等

- □ 国民健康保険葬祭費支給申請書
- □ 故人の健康保険証
- □ 死亡が確認できるもの（死亡診断書／死体検案書または死亡記載の戸籍謄本）
- □ 葬儀費用の領収書または会葬礼状のはがき（喪主が確認できる書類）
- □ 印鑑（喪主）
- □ 受取人名義の預金通帳の写し（不要の場合もあり）
- □ 故人と申請者の間柄が確認できるもの（不要の場合もあり）等

34 故人が組合健保・協会けんぽに加入していたときの埋葬料・家族埋葬料の請求

いつまでに 埋葬を行った日の翌日から2年以内
どこへ 社会保険被保険者の勤務先を管轄する年金事務所または勤務先の健康保険組合

健康保険の被保険者が死亡したときは埋葬料・家族埋葬料が受け取れる

健康保険の被保険者が業務外の事由により亡くなった場合、亡くなった被保険者により生計を維持されていた人（親族や遺族であることは問われません）には、「埋葬料」として5万円が支給されます。

また、被扶養者が亡くなったときは、被保険者に「家族埋葬料」として5万円が支払われます。

埋葬料は、死亡の事実またはその確認があれば支給されるので、埋葬の前でも請求できます。

ただ、死亡した被保険者に家族がいないときは、埋葬を行った人に、埋葬料の額（5万円）の範囲内で、実際に埋葬に要した費用（霊柩車代、霊前供物代、火葬料金、僧侶への謝礼等）が「埋葬費」として支給されます。

埋葬費は、埋葬を行った事実が必要であり、埋葬を行った後でなければ請求することはできません。

亡くなった人	支給対象（申請者）	支給額
被保険者	① 被保険者により生計を維持されていた人	埋葬料　5万円
被保険者	② ①の対象者がいない場合は実際に埋葬を行った人	埋葬費 5万円の範囲内で実際に要した費用に相当する額
被扶養者	被保険者	家族埋葬料　5万円

手続き方法

故人が加入していた健康保険組合に連絡し、必要書類を確認しながら手続きを進めていきます。

勤務先が手続きをしてくれることもあるので、まずは勤務先に確認してみるとよいでしょう。

必要書類等

- □ 負傷原因届（死亡原因が負傷による場合）
- □ 第三者行為（交通事故など）による傷病届（死亡原因の負傷が第三者行為による場合）
- □ 除籍謄本（被保険者死亡の場合）
- □ 住民票（死亡保険者と申請者が記載されているもの）
- □ 事業主の証明、または死亡診断書（死体検案書）
- □ 埋葬許可証または火葬許可証の写し（事業主の証明を受けられない場合）
- □ 埋葬費用の領収書原本（支払った人のフルネームおよび埋葬に要した費用額が記載されているもの）
- □ 埋葬に要した費用明細書
- □ 生計維持を確認できる書類（被保険者が亡くなり、被保険者により生計維持されていた被扶養者以外の人が申請する場合）
- □ その他提出を求められたもの

35 遺族厚生年金の請求

いつまでに 死亡から5年以内
どこへ 近くの年金事務所または街角の年金相談センター

厚生年金保険の被保険者の遺族が受け取れる

　故人が厚生年金保険の被保険者で、保険料の納付済期間（免除期間を含む）が国民年金加入期間の3分の2以上あって、次のいずれかの要件にあてはまる場合は、その人によって生計維持されていた遺族は、遺族厚生年金を受給できます。遺族厚生年金の受給者のうち、子のある配偶者または、両親のいない18歳未満の子には、国民年金の遺族基礎年金も支給されます。

①厚生年金保険の被保険者である間に初診日がある病気やケガが原因で、初診日から5年以内に亡くなったとき
②老齢厚生年金の受給資格期間を満たした人が亡くなったとき
③障害の程度が1級・2級の障害厚生年金を受けている人が亡くなったとき

手続き方法

　日本年金機構の所定の用紙に記入し、必要書類を添付して年金事務所または街角の年金相談センターにて手続きをします。
　所定の用紙は、自宅に郵送してもらうことも可能です。

必要書類等

- [ ] 遺族厚生年金裁定請求書
- [ ] 故人の年金手帳と、請求者の基礎年金番号がわかる書類
- [ ] 故人の除籍謄本
- [ ] 故人の除票
- [ ] 世帯全員の住民票

- □ 請求者の所得証明書（給与所得者は「源泉徴収票」、無職の人は「課税（非課税）証明書」）
- □ 死亡診断書（死体検案書）の写し
- □ 認印
- □ 受取人名義の預金通帳の写し

※他の公的年金から年金を受給していたときは、その加入先の年金証書、年金加入期間通知書等も必要となります。死亡原因が交通事故などの第三者行為の場合にも所定の書類が必要です。

36 葬祭料・遺族補償年金の請求

いつまでに 被災労働者が亡くなった日の翌日から5年を経過するまで
どこへ 故人の勤務先を所轄する労働基準監督署

業務または通勤が原因で亡くなった労働者の遺族が受け取れる

　業務上の事故により被災労働者が亡くなったとき、労働者災害補償保険から労働者の遺族に対して遺族補償給付（業務災害の場合）、または遺族給付（通勤災害の場合）として遺族補償年金が支給されます。

【葬祭料（葬祭給付）の給付内容】

　被災労働者の葬祭を行う者に支給されます。支給対象者は必ずしも遺族とはかぎりませんが、通常は葬祭を行うにふさわしい遺族となります。葬祭を執り行う遺族がなく、社葬として被災労働者の会社が葬祭を行った場合は、その会社に対して葬祭料（葬祭給付）が支給されます。

　給付額は、315,000円に給付基礎日額（労働基準法の平均賃金に相当する額）の30日分を加えた額です。この額が給付基礎日額の60日分に満たない場合は給付基礎日額の60日分が支給額となります。

【遺族補償給付または遺族給付の給付内容】

　遺族数（受給権者および受給権者と生計を同じくしている受給権者の数）などに応じて、遺族（補償）年金、遺族特別支給金、遺族特別年金と呼ばれる年金等が支給されます。

　遺族補償給付または遺族給付の内容については、次ページの表にまとめました。ご参照をお願いいたします。

◎遺族補償給付または遺族給付の内容◎

遺族数	遺族（補償）年金	遺族特別支給金（一時金）	遺族特別年金
1人	給付基礎日額の153日分 ただし、その遺族が55歳以上の妻または一定の障害の状態にある妻の場合は給付基礎日額の175日分	300万円	給付基礎日額の153日分 ただし、その遺族が55歳以上の妻または一定の障害の状態にある妻の場合は給付基礎日額の175日分
2人	給付基礎日額の201日分		給付基礎日額の201日分
3人	給付基礎日額の223日分		給付基礎日額の223日分
4人以上	給付基礎日額の245日分		給付基礎日額の245日分

【受給権者】

　労働者が死亡した当時、その人の収入によって生計を維持していた配偶者、子、父母、孫、祖父母、兄弟姉妹となっており、その受給順位は以下のとおりです。

(1) 妻または60歳以上か一定の障害のある夫
(2) 18歳に達する日以後の最初の3月31日までの間にある子または一定の障害のある子
(3) 60歳以上か一定の障害のある父母
(4) 18歳に達する日以後の最初の3月31日までの間にある孫または一定の障害のある孫
(5) 60歳以上か一定の障害のある祖父母
(6) 18歳に達する日以後の最初の3月31日までの間にある兄弟姉妹、もしくは60歳以上の兄弟姉妹または一定の障害のある兄弟姉妹
(7) 55歳以上60歳未満の夫
(8) 55歳以上60歳未満の父母
(9) 55歳以上60歳未満の祖父母
(10) 55歳以上60歳未満の兄弟姉妹

手続き方法

遺族補償年金支給請求書、または遺族年金支給申請書、葬祭料請求書を作成し、労働基準監督署に提出します。

なお、特別支給金の支給申請は、原則として遺族（補償）給付の請求と同時に、同一の様式で行うことになります。船員については、船員保険分を全国健康保険協会（協会けんぽ）に請求する場合があります。

同順位の受給権者が２人以上いるときは、そのうちの１人を年金の請求、受領についての代表者とすることになっています。世帯を異にし、別々に暮らしている場合など、やむを得ない事情がある場合は別として、原則として同順位の受給権者がそれぞれ年金を等分して受領することは認められません。

必要書類等

- ☐ 遺族補償年金支給請求書または遺族年金支給請求書
- ☐ 葬祭料（通勤災害の場合は葬祭給付）請求書（労災保険より支給される）
- ☐ 死亡診断書（死体検案書）
- ☐ 戸籍謄本（除籍の記載、請求人と被災労働者との身分関係を証明できるもの）
- ☐ 一定の障害の状態や事実婚姻関係がある場合、その事実を証明する書類
- ☐ 同一事由により、遺族基礎年金、遺族厚生年金、寡婦年金等が支給さる場合、支給額を証明することができる書類

※上記以外にも必要とする書類を提出する場合があります

第5章

勤務先・会社関係への手続き

勤務先の福利厚生制度によって支給されるものもある

　現役の会社員や、会社経営者が亡くなることもあります。その際は、勤務先の福利厚生制度によって手続きは変わりますが、死亡退職金や最終給与、健康保険や弔慰金などの支給を期待できるものや、会社経営者の場合などは商法・会社法上の手続きがあります。

　勤務先の総務担当者などと相談しながら手続きをすることになりますが、どんな手続きがあるかを知っておくことは、イザというときにあわてないためにも有益なことだと思います。

【死亡退職金】

　勤務先の退職金規定によって受給者が決まります。規定上の受給者が固有の財産として受け取ることができ、遺産の分割対象にならないことが特徴です。ただし相続税課税の対象財産（一定の控除あり）にはなります。

【役員から法人への貸付金】

　法人の決算書などで確認ができる場合が多いと思います。役員が法人の借入れの連帯保証人になっているケースなどがあるので、役員の変更登記をする際などに保証人の変更も考慮しましょう。

37 死亡退職金・最終給与の受取り

いつまでに 死亡後すみやかに
どこへ 勤務先

勤務先に死亡退職金の規定があれば受け取れる

　故人が在職中に亡くなった場合で、勤務先に死亡退職金の規定があれば、死亡退職金を受け取ることができます。

　受給権者は、退職金規定の支給順位に従って決まることになります。一般的には配偶者が第1順位、子供が第2順位と決まっていることが多いでしょう。国家公務員の退職金規定をもともとのモデルにしているケースが、多数見受けられます。

手続き方法

　亡くなったことを勤務先に伝えることで、規定に従って支払われます。
　最終給与に合わせて、年末調整を会社で行う場合もあります。その場合、源泉徴収票が発行されますので、準確定申告（191ページを参照）の際に必要となります。詳しくは、勤務先に確認するとよいでしょう。
　死亡退職金は、相続税申告の際にみなし相続財産として課税の対象財産となります。

必要書類等

☐ 勤務先所定の退職金支給請求書
☐ 死亡記載のある戸籍（除籍）謄本
☐ 請求者の住民票
☐ 請求者の認印

38 健康保険証の返却

いつまでに 死亡後すみやかに
どこへ 勤務先

家族全員の健康保険証を返却する

　サラリーマンや公務員などの給与所得者が亡くなったときは、勤務先に健康保険証を返却します。

手続き方法

　遺族は交付されていたすべての被保険者証（家族分を含みます）を会社に返却します。「被保険者資格喪失届」の提出は事業主が行います。遺族は、国民健康保険等への加入手続きをします。

必要書類等

- □ 勤務先所定の届出用紙
- □ 被保険者全員の被保険者証

39 団体弔慰金の受給

いつまでに	死亡後すみやかに
どこへ	勤務先、共済会など各種団体事務局

共済会・労働組合などから弔慰金が支給されることがある

　故人が共済会や労働組合などの各種団体に加入していた場合に、所属団体から弔慰金が支給される場合があります。

　各団体の弔慰金規定に従って受給者が決まるので、団体の事務局に死亡の通知とともに問い合わせをするといいでしょう。

手続き方法

　手続きを勤務先の会社が行う場合と、遺族が行う場合があります。詳しくは勤務先に確認する必要があります。

必要書類等

- ☐ 各団体所定の弔慰金請求書
- ☐ 死亡記載のある戸籍（除籍）謄本
- ☐ 受取人名義の預金通帳の写し

40 役員から法人への貸付金の引継ぎ

いつまでに 死亡後すみやかに
どこへ 会社

遺産分割協議で債権を引き継ぐ人を決める

同族会社などで経営者が亡くなったとき、法人への貸し付けがあるケースがよく見られます。その場合、債権も相続財産となりますので、遺産分割協議によって法人に対する債権を引き継ぐ人を決めたうえで、財産目録に計上することになります。相続税の申告上も、課税対象財産となるので注意が必要です。

手続き方法

故人の債権を引き継ぐ人が決まったら、会社に連絡をします。

金銭消費貸借契約書等があるときは、新たに契約書を締結する必要がある場合もあります。

[注意！] 連帯保証

会社の役員が亡くなった場合は退任となりますので、在任中の銀行借入れの際の連帯保証は保証人を差し換える手続きが必要です。手続きを忘れると保証債務が将来も続くので、注意してください。

必要書類等

- ☐ 金銭消費貸借契約書
- ☐ 相続関係がわかる戸籍等（戸籍謄本等）
- ☐ 遺産分割協議書
- ☐ 相続人全員の印鑑証明書
- ☐ 債権を引き継ぐ人の実印

41 自社株式の名義変更

いつまでに	死亡後すみやかに
どこへ	会社

📄 同族会社の株式や出資金は引き継ぐ人を決める

　故人が非上場の同族会社の株式や出資金を持っていた場合は、遺産分割協議によってそれらを引き継ぐ人を決めます。非上場株式も相続財産となるため財産目録への計上が必要になります。その際の評価額は、会社に一株当たりの株価を算定してもらうこととなります。

📄 手続き方法

　引き継ぐ人が決まったら、会社に連絡をします。会社によりますが、通常は取締役会等の承認が必要になります。

　最近は株券を発行していない会社が多いのですが、株券を発行している会社の場合は、株券の名義変更の手続きも必要になります。発行していない会社の場合も、株主名簿の記載を変更してもらいます。

✏️ 必要書類等

- ☐ 相続関係がわかる戸籍等（戸籍謄本等）
- ☐ 遺産分割協議書
- ☐ 相続人全員の印鑑証明書

42 会社役員変更登記

いつまでに 死後2週間以内
どこへ 法務局

専門家に依頼する場合は司法書士に

　株式会社の役員が亡くなった場合は、法人の役員に関する登記を変更する必要があります。会社の定款などに従って後任の役員を選出しますが、取締役会設置会社なら、株主総会の決議が必要です。代表取締役が亡くなった場合は、取締役会で選出します。ともに議事録を作成し、役員変更登記の添付書類とします。
　死亡による役員の変更登記申請書を2週間以内に提出します。変更の登記を怠ると100万円以下の過料に処せられることがあります。

手続き方法

　死亡による辞任を証明するために、死亡事実の記載のある戸籍謄本を準備します。後任が決まっているときは、選任に関する株主総会議事録と就任承諾書が必要です。登記申請は司法書士に頼みます。
　故人が在任中の銀行借入れなどで連帯保証人になっていたときは、その変更手続きも忘れないように。

必要書類等

- ☐ 役員変更登記申請書　　☐ 死亡の記載のある戸籍謄本
- ☐ 株主総会議事録（後任役員の選任について）
- ☐ 取締役会議事録（代表取締役を選任する場合）
- ☐ 就任承諾書（後任の役員について）
- ☐ 印鑑証明書（代表権のある役員の変更の場合、新代表者につき必要になる）
- ☐ 新任役員の身分証明書（印鑑証明書や住民票など）
- ☐ 登録免許税　　☐ 司法書士への委任状（司法書士へ委任する場合）

第6章

日常生活上の手続き

窓口で応対する人が相続に詳しいとはかぎらない！

　生前の生活ぶりによって該当するものが違ってきますが、自動車関係や携帯電話などの契約ごとや、著作権やマイレージといった財産にかかわる手続きがあります。
　私たちは預金通帳の入出金の履歴や、故人あてに届く郵便物などから該当する手続きがあるのか無いのかを判断しています。
　日常生活上の手続きについては、サポートしてくれる専門家（国家資格者等）はいないので、関係先に問い合わせながら進めていくことになります。

　この章の手続きの特徴として、先方の窓口担当者が相続そのものに詳しくなく、相続に関する手続きをした経験がほとんどないことが珍しくない点に留意が必要です。
　個人情報保護や本人確認の名目で難しいことを言われるかもしれませんが、先方の本社の法務部や手続き規定を決めている部署等に確認してもらいながら、粘り強く進めていきましょう。

【実際にあった話】──携帯電話の解約に携帯ショップにて

　「父が亡くなったので解約したいのですが」と申出をした相続人にショップの店員が一言。
　「ご本人に来ていただいてください」
　これは実話です。先方は必ずしも相続の手続きに詳しいわけではないのです。

43 運転免許証の返納

いつまでに 死亡後すみやかに
どこへ 最寄りの警察署、国家公安委員会、運転免許センター

有効期限の「失効」を待つのではなく返納する

故人が運転免許証を持っていた場合は、最寄りの警察署等に返納してください。

手続き方法

運転免許証を返納する際には、下記の書類等が必要になります。

家族が形見として持ち帰りたい場合は、その旨を伝えればパンチ等で穴をあけ、運転免許証が無効である証明をした後（無効という印を裏面に押します）で、返してもらえます。

ただし、無効となった運転免許証でも紛失や盗難などにあって悪用されることのないよう、取扱いには十分気をつけましょう。

返納の手続きを行わず、有効期限まで待ってから「失効」させる人も多いのですが、犯罪の手口が巧妙になっているので、早い時期にきちんと返納手続きをしましょう。

必要書類等

- □ 故人の運転免許証
- □ 相続関係のわかる戸籍等（戸籍謄本等）
- □ 届出人の身分証明書（運転免許証やパスポート等）
- □ 届出人の認印

44 自動車・軽自動車の名義変更

いつまでに 死亡後すみやかに
どこへ 普通自動車／陸運局、軽自動車／軽自動車検査協会

📄 まず車検証で所有者を確認する

　自動車を持っている人が亡くなったら、まず自動車検査証（車検証）の使用者と所有者を確認します。

＜故人が車検証上の所有者の場合＞

　相続による所有者変更の手続きをします。遺産分割協議等で新所有者が決まったら、新所有者の住所地を管轄する陸運局で名義変更の手続きをします。誰も自動車を相続しない場合など廃車や売却を考えているときでも、所有者変更の手続きをしてからになります。

＜販売店などが車検証上の所有者で故人が使用者の場合＞

　所有者が販売店や信販会社などになっている場合、自動車ローンが残っていることが考えられますので、所有者に対して残債があるかどうかを確認します。

　ローンが残っているときは、その引継ぎと自動車の使用者を決めて、販売店や信販会社に申し出て使用者の変更手続きを依頼するか、自分で陸運局での使用者変更の手続きをすることになります。

　ローンが残っていないときは、使用者変更の手続きとともに所有者変更をすることになります。まず販売店等に所有権解除の手続きに行き、その際に発行される自動車の譲渡証明書と陸運局への申請書、車検証、戸籍など必要書類を添付して名義変更の手続きをします。

＜軽自動車の所有者が亡くなった場合＞

　軽自動車の所有者が死亡して、その軽自動車を相続した人は相続による名義変更の手続きを行う必要があります。ただし、普通自動車のように一般的な相続の書類は不要で、売買などのときと同じ通常の軽自動車の名義変更の手続きをします。

手続き方法

　被相続人（故人）が所有していた普通自動車の相続手続きは、新たに所有する相続人の住所地を管轄する陸運局で行います。必要書類を持参して窓口に提出し、指示に従って順番に窓口を回っていきます。

　自動車の保管場所が変わる場合には、新しい保管場所を管轄する警察署で車庫証明書を取得しておきます。陸運局の管轄が変わると、ナンバープレートが変更・交付されるので、名義変更する自動車を陸運局に持ち込みます。

　軽自動車の場合は普通自動車とは違い、一般的な相続手続きの名義変更の際に必要な戸籍、遺産分割協議書、印鑑証明書などが不要のため、手続き上は通常の名義変更や廃車と同様な方法で処理できます。

必要書類等

【普通自動車の場合】
☐ 申請書（第1号様式）※陸運局で入手
☐ 自動車検査証（車検証）
☐ 戸籍謄本または戸籍の全部事項証明書
※死亡の事実および相続人全員が確認できるもの。なお、氏名等の変更があった場合はそれが確認できるものも必要
☐ 遺産分割協議書
☐ 印鑑証明書（相続人全員）
☐ 車庫証明（証明後1か月以内のもの）
※同一世帯の親族に名義変更する等で保管場所に変更がないときは、車庫証明が必要ない場合もある
☐ 自動車税自動車取得税申告書　　☐ 認印

【軽自動車の場合】
☐ 申請書（軽第1号様式）※陸運局で入手
☐ 自動車検査証（車検証）
☐ 新所有者の住民票　　☐ 軽自動車税申告書
☐ 自動車検査証記入申請書　　☐ 認印

◎普通自動車の名義を変更するときの記載例◎

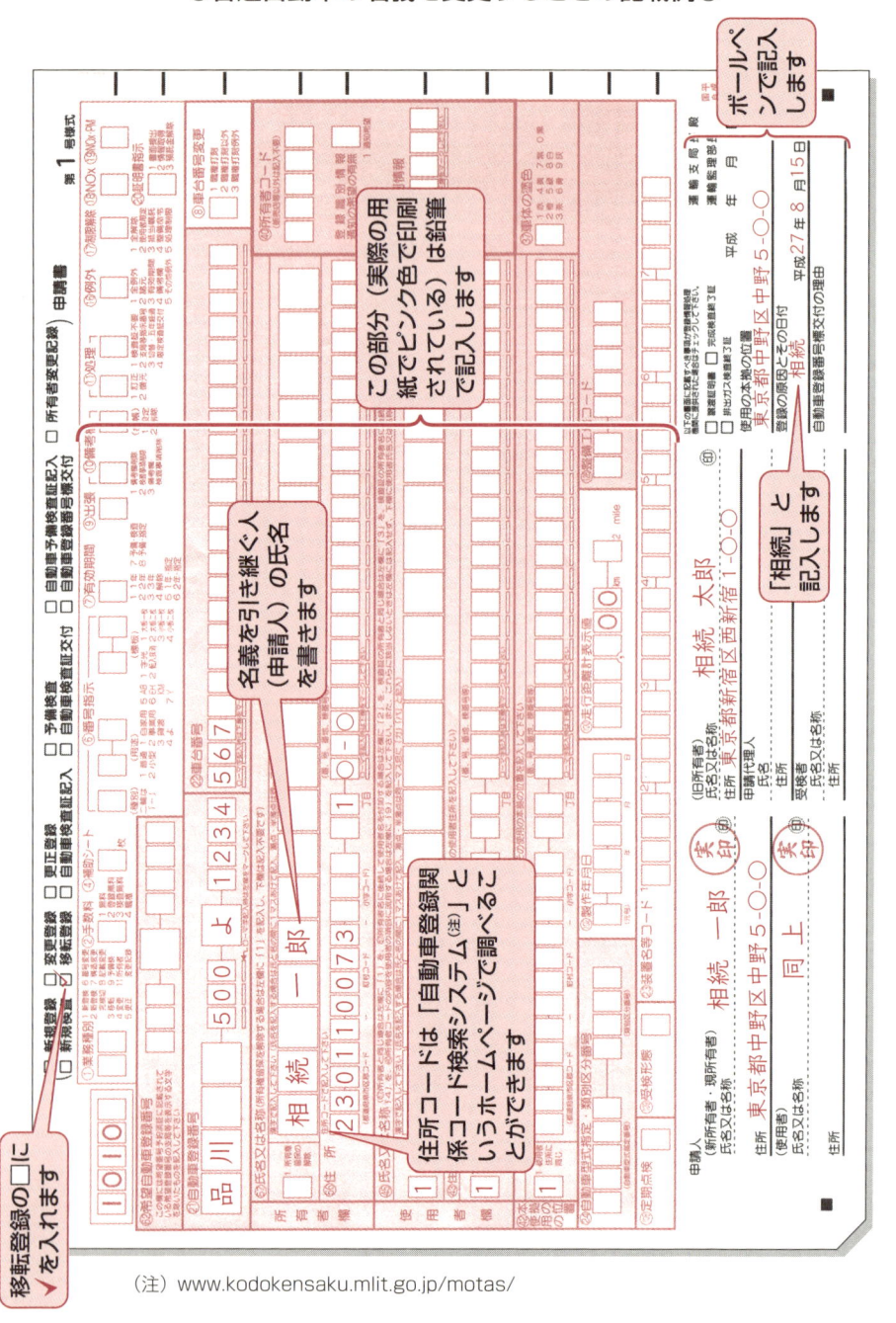

（注）www.kodokensaku.mlit.go.jp/motas/

45 自動車税の納税義務者の変更

いつまでに 死亡後すみやかに
どこへ 都道府県税事務所、市税事務所等

自動車の名義を引き継ぐ人がなかなか決まらない場合

普通自動車を所有している場合は都道府県税が、軽自動車を所有している場合には市町村税がかかってきます。

所有者の死亡により納税するべき人がいなくなった場合は、自動車の名義変更をするまでの納税義務を負う人を、相続人の中から選んで届け出ます。

自動車の名義変更手続きが完了すれば、納税通知書は自動的に新しい所有者へ送られてきます。

ただし、引き継ぐ人が決まらない場合は、いったん「相続人代表者届出書」を普通自動車なら都道府県税事務所、軽自動車なら市税事務所等にそれぞれ提出します。この届出書を提出すると、引き継ぐ人が決まるまで代表者宛てに納税通知書が送られてきます。

必要書類等

- ☐ 相続人代表者届出書（都道府県税事務所や市税事務所等に備え付けられている）
- ☐ 相続関係のわかる戸籍等（戸籍謄本等）
- ☐ 届出人の認印

46 自動車保険の名義変更

| いつまでに | 死亡後すみやかに |
| どこへ | 加入している保険会社 |

自賠責保険と任意保険の名義を変更する

　任意の自動車保険に加入していた場合は名義変更が必要になります。

　また、自動車の名義変更と同時に自賠責保険（強制加入の保険）についても名義変更が必要になります。自賠責と任意保険では加入している保険会社が異なることが多いため、それぞれ手続きをすることになります。

契約者が亡くなっても、すぐに保険が無効になるわけではない

　自動車保険の契約者が亡くなっても、すぐにその保険が無効になってしまうことはありません。ただし、亡くなった人の名義の保険を続けることはできないので、すみやかに相続人が手続きをとりましょう。

　まずは保険会社に連絡して所定の用紙を取り寄せます。

　保険証券には、契約者（保険を契約し、保険料を支払っている人）と被保険者（保険の対象となる人）の名前があります。

　契約者と被保険者が同じで故人であった保険の場合は、同居の配偶者や同居の親族であれば、保険の等級もそのままで引き継ぐことができます（別世帯の場合は引き継ぐことはできません）。自動車を使用しないのであれば、廃車や売却の手続きとともに、保険を解約します。

必要書類等

☐ 自賠責保険名義変更届
☐ 自動車保険契約異動申請書（任意保険の場合）
☐ 保険証券
☐ 相続関係がわかる戸籍等（戸籍謄本等）
☐ 届出人の認印

47 墓地の名義変更

いつまでに 死亡後すみやかに
どこへ 墓地管理者

名義変更または管理者変更の届出が必要

故人が、墓地や墓地の利用権を持っていた場合は、名義変更または管理者変更の届出が必要になります。

墓地には、民営の霊園、公営、市営、寺院所有などがあり、手続きも多少異なります。まずは墓地の管理者に連絡して書類を取り寄せ、必要書類を確認することから始めましょう。

また、墓地によっては引き継ぐ人の範囲が3親等以内などの制限が設けられている場合もあるので管理者に確認してください。

私有地の場合には、宅地などと同じように引き継ぐ人を決めて、不動産の所有権移転登記をします。

必要書類等

代表的な書類は以下のとおりです。
- □ 墓地使用権承継申請書（墓地によって呼び方は違うが、申請書があります）
- □ 前名義人の使用許可証（墓地使用権の証明をする書類）
- □ 前名義人の除籍謄本（死亡がわかる戸籍）
- □ 引き継ぐ人の戸籍謄本（前名義人との関係がわかる書類）
- □ 引き継ぐ人の実印
- □ 引き継ぐ人の印鑑証明書

48 クレジットカードの退会

いつまでに 死亡後すみやかに
どこへ 各クレジットカード会社

クレジットカードは退会手続きが必要

　故人がクレジットカードを持っていた場合は、退会手続きが必要になります。未払金があれば、その支払いも必要です。
　なお、流通系のクレジットカードについているポイントなどは、家族が引き継げる場合があるので確認が必要でしょう。

手続き方法

　電話で退会できる場合と、必要書類を郵送しなければ退会できない場合があります。
　必要書類を郵送しないと退会できないクレジットカードの場合は、その会社所定の申請用紙を送ってもらい、記入して返送します。添付書類があれば、それも用意します。
　また、付帯サービスの有無（シートベルト保険、海外旅行保険など）を確認します。交通事故などで亡くなった場合など給付を受けることができる場合があります。
　なお、家族カードは同時に退会となってしまうので承知しておきましょう。

必要書類等

- ☐ 会社所定の届出用紙
- ☐ クレジットカード
- ☐ 死亡記載の戸籍謄本または除票

49 互助会積立金の名義変更

いつまでに 死亡後すみやかに
どこへ 互助会運営会社

互助会の積立てをしていたときは名義変更する

　故人が、冠婚葬祭などに備えた積立てを行う互助会と契約していた場合は、積立金の名義変更の手続きをします。

　まず、互助会運営会社に連絡し、名義変更に必要な用紙を入手します。その用紙に必要事項を記入し、相続人の実印を押印します。遺産分割協議書で互助会契約を相続する人が明らかな場合は、相続する人のみの実印が必要になります。

　その他、故人の戸籍謄本と相続人の印鑑証明書が必要です。

　今後、互助会を利用する見込みがないときは、解約の手続きをすることも可能です。

　解約の場合も同様に、互助会運営会社から、解約に必要な用紙を入手し、必要書類を添えて申し出ることになります。

　ある大手葬儀社の互助会の場合は、「名義変更依頼書」「互助会会員変更届」「解約依頼書」などの書類があり、名義変更や解約をするには故人の除籍謄本と相続人の印鑑証明書が必要です。

必要書類等

☐ 名義変更依頼書（解約依頼書）
☐ 相続関係のわかる戸籍等（戸籍謄本等）
☐ 相続人の実印
☐ 相続人の印鑑証明書

50 固定電話の承継・解約

いつまでに 死亡後すみやかに
どこへ 所轄のNTT窓口

承継・解約・利用休止のいずれかを選ぶ

固定電話の契約があった場合は、承継（名義変更）・解約・利用休止等の手続きが必要となります。

以前は電話一本で手続きができましたが、現在は故人と届出人との関係がわかる書類の提出が（契約内容によってはその他の書類も）必要です。

手続き方法

NTTに電話して手続きします。固定電話からは、局番なしの「116」、携帯電話とPHSからは、NTT東日本のエリアからは「0120-166-000」、NTT西日本のエリアからは「0800-2000116」に電話してください。

故人名義の電話番号を伝えて、契約内容と手続きに必要な書類を確認します。死亡の事実および相続関係がわかる書類（戸籍謄本等）が必要となります。

なお、電話をかける前に承継・解約・利用休止のどれにするのか決めておくとよいでしょう。

必要書類等

☐ 電話加入権等承継・改称届出書
☐ 相続関係のわかる戸籍等（戸籍謄本等）
☐ 死亡記載の戸籍・除票の写し
☐ 承継者の認印

◎「電話加入権等承継・改称届出書」の記載例◎

【電話加入権等承継・改称届出書】　記入年月日　平成 27 年 9 月 20 日

○○電信電話株式会社　御中

① 次の（計 1 回線）の電話加入権等を、(承継)・改称　したいので届出いたします。

②【電話番号・ひかり電話番号】
(1)	(03)	7777 — 7777
(2)	( )	—
(3)	( )	—
(4)	( )	—
(5)	( )	—

③【利用休止番号】
利用休止番号	取扱所名
	支店
	支店
	支店
	支店

④【お客さまID】（フレッツサービスをご利用の場合）

⑤ 現ご契約者様（現在のご契約者様名）
現在のお名前
（フリガナ）ソウゾク　タロウ
相続　太郎

⑥ 新ご契約者様（新しいご契約者様名）
新しいご住所　〒163-1518　東京都新宿区西新宿1丁目○番○号
捨印
新しいお名前
（フリガナ）ソウゾク　ハナコ
相続　花子　印（相続）　押印願います。

認印を押します

（フリガナ）お申込者様名　相続 花子　ご連絡先電話番号（ 03 ） 7777 — 7777

（フリガナ）お申込者様名　　　　　ご連絡先電話番号（ ） —

> 実際の届出用紙はもう1ページあり、電話料金の支払方法や請求書の送付先等を記入するようになっています。

第6章　日常生活上の手続き

121

51 携帯電話の解約

| いつまでに | 死亡後すみやかに |
| どこへ | 各携帯電話会社 |

携帯電話は解約手続きが必要

　故人が携帯電話を使用していた場合は、解約手続きが必要となります。最近では携帯電話の機種代金を、通話料とともに分割払いにしていることがあるので、請求残額が残っていて精算しなければならないこともあります。亡くなった段階での請求金額がいくらなのかも確認しておきましょう。

手続き方法

　解約手続きの際に必要な書類は各電話会社によって異なるため、お客様サポートセンターや最寄りの代理店で確認してください。
　解約書類に記入のうえ、必要書類とともに返送するか持参して手続きをします。

必要書類等

- ☐ 携帯電話契約解約届
- ☐ 相続関係のわかる戸籍等（戸籍謄本等）
- ☐ 届出人の身分証明書（運転免許証やパスポート等携帯電話会社が指定するもの）
- ☐ 携帯電話本体
- ☐ SIMカード

52 衛星テレビ・ケーブルテレビの継続（解除）

| いつまでに | 死亡後すみやかに |
| どこへ | 衛星テレビ・ケーブルテレビ会社 |

契約の継続か解除の手続きが必要

故人が契約者となっている衛星テレビ・ケーブルテレビがある場合は、契約の継続か解除の手続きを行います。

手続き方法

衛星テレビ・ケーブルテレビ会社に電話をして、契約を引き継ぐのか解除をするのかの連絡をします。各会社から書類が送られてくるので、それに記入して提出します。必要な書類は各会社によって異なります。

未払料金がある場合は、精算が必要になります。

また、口座振替をしていて契約を引き継ぐ場合は、振替口座の変更も必要になります。

必要書類等

☐ 名義変更または解約届
☐ 相続関係がわかる戸籍等（戸籍謄本等）
☐ 口座振替用紙
☐ 口座印

第6章 日常生活上の手続き

53 特許権の移転登録

いつまでに 死亡後すみやかに
どこへ 特許庁

特許や実用新案権は、その権利を相続したことを届け出る

故人が特許や実用新案権などを持っていた場合は、その権利を相続したことを届け出る必要があります。

手続き方法

特許権や実用新案権は、それぞれ一定の存続期間があります。特許権は出願から20年、実用新案権は出願から10年です（ただし、平成17年4月1日以前に出願された実用新案権の存続期間は6年です）。

権利によっては延長や更新ができるものもあります。詳しくは専門家に相談することをお勧めします。

必要書類等

- ☐ 移転登録申請書
- ☐ 相続関係のわかる戸籍等（戸籍謄本等）
- ☐ 遺産分割協議書
- ☐ 相続人全員の印鑑証明書

54 音楽・書籍等の著作権の引継ぎ

いつまでに 死亡後すみやかに
どこへ JASRAC等著作権管理団体（必要ないものもあります）

権利を引き継ぐ手続きが必要

故人が音楽や書籍等の著作権を所有していて、著作権管理団体等を利用している場合は、その権利を引き継ぐ手続きが必要になります。

手続き方法

小説、論文、写真、絵画、楽曲などの著作物には、創作した時点で著作権が発生します。著作権は創作と同時に取得しており、相続する場合も特に手続きはありません。誰が相続するのかを決めればよいだけです。

音楽の場合、ほとんどの著作権者は日本音楽著作権協会（JASRAC）と信託契約を結んでいます。その際は、JASRACとの「著作権信託契約」を継承する手続きが必要です。

なお、著作権の存続期間は、著作物が創作された日から著作者の死後50年となっています。

著作者人格権や著作隣接権などの権利もあるため、専門家へ相談することをお勧めします。

必要書類等

☐ 著作権等信託契約書
☐ 相続関係のわかる戸籍等（戸籍謄本等）
☐ 遺産分割協議書
☐ 相続人全員の印鑑証明書

55 貸付金の取扱い

いつまでに 死亡後すみやかに
どこへ 貸付先

📄 遺品から「金銭消費貸借契約書」「借用書」「覚書」を探す

　故人が誰かに貸していた貸付金も相続財産となり、遺産分割や相続税申告の対象財産になります。会社などの法人に貸し付けていた場合には比較的残高の確認が容易ですが、個人間の貸付はなかなか把握できないものです。また、金銭の貸し借りにあたって契約書や借用書などの書面が残っていればいいのですが、口約束であったり、金銭の貸借か贈与かの判断のつかない状況になっていることも少なくありません。

　正式には「金銭消費貸借契約書」という契約書類があるはずですが、一般的には「借用書」や「覚書」が作られることもあります。これらの契約書類などから貸付金の把握をしていく必要があります。

📄 手続き方法

　まず、「金銭消費貸借契約書」や「借用書」「覚書」などがあるか、故人の遺品を確認します。そのうえで、貸付先、貸付金額、残債権額を相続財産目録に計上し、遺産分割の対象財産として協議します。

　遺産分割協議の結果、貸付債権を取得した相続人から借主に対し、貸付金の回収をしたい旨を通知します。原契約が継続中の場合は債権を引き継いだことを通知して、契約書の改定をすることになります。

✒️ 必要書類等

- ☐ 相続関係を示す戸籍
- ☐ 遺産分割協議書
- ☐ 金銭消費貸借契約書の控え
- ☐ 新しい金銭消費貸借契約書

56 借入金の返済

いつまでに 死亡後すみやかに
どこへ 債権者

債務の責任は相続人全員が負う

　故人の借入金（借金）は、債務として相続対象の（負の）財産となり、相続税の課税対象の財産の金額から控除（マイナス）することができます。貸付金は、遺産分割の対象財産として相続人のうちの誰が引き継ぐのか任意に決めることができます。一方、債務の場合は相続人全員が連帯して責任を負うことになるため、注意が必要です。

　「相続するのか、相続放棄をするのか」の判断をするためにも、この借入金（負債）の把握は重要になります。

手続き方法

　故人に借入金があったかの確認を第一にします。住宅ローンのように金融機関等からの借入れは比較的把握が容易ですが、個人間の貸し借りにともなう借入金の把握はなかなか難しいものです。友人からの借入金、クレジットカードの買物の支払いやキャッシングの未払いなど、故人宛ての郵便物から把握を進めます。通帳の入出金履歴を見ていくことによって、借入金の支払いを把握できることもあります。

　借入金の把握ができたら、借入先、借入額、残額を確認して相続財産目録に計上します。そのうえで、相続するのか相続放棄をするのかを判断していきます。相続する場合は、相続人が連帯して借入金の返済にあたることになります。

必要書類等

☐ 相続関係がわかる戸籍等（戸籍謄本等）
☐ 金銭消費貸借契約書の控え

57 ゴルフ会員権の名義変更

いつまでに 死亡後すみやかに
どこへ 会員権記載のゴルフ場

売却にも名義変更の手続きが必要

　故人がゴルフ会員権を持っていた場合は、相続人が誰もゴルフをやらなくても、故人の名義のままでは売却（換金）できません。名義変更の手続きが必要になります。

　ゴルフ場によっては、破綻や買収合併など、会員権記載の会社でなくなっている場合があったり、相続の優遇措置があったり、名義変更の条件が異なったりするので、まずはゴルフ場に連絡しましょう。

　会員権の名義変更には、ゴルフ場所定の名義書換手数料がかかったり、会員理事会等での承認を経て名義変更となる場合などがあり、手続きが終了するまでに数か月から１年程度かかることもあります。売却（換金）の場合、ゴルフ場によって解約方法が違うので合わせて問い合わせてください。

　過去に破綻処理をしているゴルフ場では、売却（換金）はできず、単に優先的なプレー条件のみが引き継げるに過ぎないことがあります。

必要書類等

- ☐ 名義書換の申請書（ゴルフ場の所定の用紙）
- ☐ 権利書
- ☐ 相続関係のわかる戸籍等（戸籍謄本等）
- ☐ 遺産分割協議書
- ☐ 相続人全員の印鑑証明書
- ☐ 名義書換手数料

58 デパート会員証・積立ての解約・引継ぎ

いつまでに	死亡後すみやかに
どこへ	デパート

解約や引継ぎの手続きが必要

　最近はデパート会員証（カード）による積立てが人気です。毎月、積立金を12か月間積み立てると、1年後には13か月分（支払った額＋ボーナス1か月分）が貯まったこととなり、商品券に換えることができます。

　故人がデパートの会員で、このような積立てを行っていた場合は、解約や引継ぎの手続きをします。忘れがちな手続きですが、通帳の引落履歴などから確認します。

　電話で解約できる場合と、必要書類を提出しなければならない場合があります。解約せずに、積立てを引き継ぐことができる場合もあります。まずは、デパートへ確認しましょう。

　なお、相続税の申告が必要な人は、この積み立てた金額も相続財産になるのでご注意ください。

必要書類等

- ☐ 相続届出書（各デパートの様式）
- ☐ 相続関係のわかる戸籍等（戸籍謄本等）
- ☐ 受取人の預金通帳の写し
- ☐ 認印

59 フィットネスクラブの退会手続き

いつまでに 死亡後すみやかに
どこへ フィットネスクラブの運営会社

退会の手続きが必要

故人がフィットネスクラブの会員だった場合は、すみやかに退会の手続きを行います。毎月の会費が銀行口座から自動引き落としになっている場合、亡くなった後の会費を返金してくれるところもあります。

退会届などの書類が必要なこともありますし、入会金や保証金が必要なフィットネスクラブの場合は、その返還手続きも忘れずに行います。

必要書類等

- ☐ 退会届
- ☐ 相続関係のわかる戸籍等（戸籍謄本等）
- ☐ 届出人の身分証明書（運転免許証やパスポート等）
- ☐ 認印

60 航空会社のマイレージの引継ぎ

いつまでに 死亡後すみやかに、会社によっては死亡後一定期間内
どこへ 航空会社

故人のマイレージは引き継ぐことが可能

故人が航空会社のマイレージを持っていた場合は、相続人がそのマイレージを引き継ぐことができます。

手続き方法

マイレージは相続できることが規約に書かれています。

たとえば、JALはマイレージバンク一般規約14条に「(略) 会員の死亡時は法定相続人は所定の手続きにより会員のマイル口座に残る有効なマイルを相続する事が可能です」とあります。

まず、航空会社に連絡して必要書類を取り寄せます。法定相続人がその会社のマイレージ会員であればそのまま引き継ぎますが、会員でない場合は、会員になったうえで、マイルの引継ぎを行います。

必要書類は、航空会社によって異なりますが、亡くなったことを証する書類と相続人であることを証する書類です。

航空会社によっては、死亡後6か月以内に書類を提示するなど、一定期間を設けている場合もありますので、注意が必要です。

必要書類等

- ☐ 相続届出書
- ☐ 相続関係がわかる戸籍等（戸籍謄本等）
- ☐ 相続人のマイレージカードまたは入会申込書
- ☐ 認印

61 JAF会員証の返納

いつまでに 死亡後すみやかに
どこへ JAF総合案内サービスセンター

複数年分の年会費を前納している場合は返金がある

　JAF（日本自動車連盟）に加入すると、ロードサービスや各種優待を受けることができ、会員証が発行されます。

　会員が死亡すると会員資格を喪失するため、退会の手続きと会員証の返納が必要となります。家族会員が引き続き利用したい場合は、改めて入会手続きをしなければなりません。一定期間内に入会すると、入会金が免除されます。

手続き方法

　まず、JAF総合案内サービスセンター（0570-00-2811）に電話して、会員が亡くなったことを伝えて退会手続きについて尋ねます。

　総合案内サービスセンターから退会の書類が送付されるので、必要事項を記入して返送します。

　なお、年会費については年度途中の退会では返金されません。ただし、複数年分の年会費を前納している場合は、未経過年度分が返金されることになります。

必要書類等

- □ 退会届
- □ 会員証
- □ 返金がある場合は返金を受ける口座の情報

62 パソコン・インターネット会員の手続き

| いつまでに | 死亡後すみやかに |
| どこへ | 各プロバイダー会社 |

承継（名義変更）・解約・利用休止などの手続きが必要

故人がインターネットのプロバイダー会社と契約していた場合は、承継（名義変更）・解約・利用休止等の手続きが必要となります。

手続き方法

プロバイダー会社に連絡して、手続きに必要な書類を確認しましょう。電話のみで手続きが済む場合もあります。

使用料は自動引き落としとなっていることが多いので、解約・利用休止をするのであれば早めに連絡しましょう。

また、ケーブルテレビと一緒の契約になっているケースもありますのでご注意ください。

必要書類等

☐ 名義変更・解約届
☐ 相続関係のわかる戸籍等（戸籍謄本等）
☐ 認印

63 老人会会員証の返還

いつまでに 死亡後すみやかに。保険がある場合は一定期間内
どこへ 老人会

老人会に連絡する

　故人が老人会の会員であった場合は、亡くなった旨を報告します。老人会によっては、会員証の返還を求められる場合もありますし、弔慰金制度など給付を受けられる場合もあります。

　また、老人会で保険（傷害保険や入院共済など）に加入している場合もあるので、老人会に確認する必要があります。

　最近では、老人会のほかに老人クラブ、勤務先のOB会、労働組合のOB会など引退後に参加できるコミュニティーが多数あるので、どんな会に参加しているかをあらかじめ把握しておくとよいでしょう。

必要書類等

☐ 会員証
☐ 死亡記載のある戸籍
☐ 弔慰金等請求書
☐ 認印

64 パチンコ貯玉カードの解約

いつまでに 死亡後すみやかに
どこへ カードを発行したパチンコ店

相続人による貯玉の引き出しを認めている店舗は多い

パチンコ店の出玉は、貯玉カードに預けることができます。

貯玉カードは、カードと暗証番号さえそろえば引き出しが可能となること、また会員規約には「会員が死亡した時は、その資格および第○条の特典、サービスを受ける権利を喪失する事とし、またそれらの相続およびいかなる処分も原則認められない事とします」と記載されており、原則、相続手続きの対象とはならないと考えられていました。

しかし、カードの発行店にカードを持参して相続人であることを示すことで、貯玉の引き出しを認めている店舗が多いようですから、カードの発行店舗に確認することをお勧めします。

解約に必要な書類は店舗により違いますが、代表的なものを記載します。

必要書類等

- ☐ 死亡診断書
- ☐ 相続する人の身分証明書（運転免許証・パスポート等）
- ☐ 印鑑（認印で可）
- ☐ 相続関係がわかる戸籍等（戸籍謄本等）
- ☐ 遺産分割協議書または同意書

65 リース・レンタルサービスの解約・継続

いつまでに 死亡後すみやかに
どこへ リース会社等

解約か継続の手続きが必要

故人がリースやレンタルの契約をしていた場合は、必要に応じて解約か継続の手続きを行います。

手続き方法

まず、レンタル会社やリース会社へ電話して、手続きを行います。

介護保険を使って機器をレンタルしている場合は、介護施設やケアマネジャーなどにも連絡して指示を仰ぎましょう。

リースしていたものによっては、解約金・違約金が必要となる場合があります。

必要書類等

- □ 名義変更届または解約届（リース会社所定の様式）
- □ 口座振替依頼書（引き続き利用する場合）
- □ 認印
- □ レンタル品本体（解約する場合）

66 IC乗車券の解約

いつまでに 死亡後すみやかに
どこへ 各運営会社

解約すればデポジットが返却される

　IC乗車券は、相続に関する規約を設けていないことが多いのが現状です（電子マネーの場合は相続を想定しているものもあります）が、ほとんどの場合、カードは貸与となっていてデポジット（保証金）を払っています。

　故人が鉄道会社のIC乗車券を持っていた場合は、解約の手続きをしてください。解約手続きをすることで、デポジットが返却されます。

　また、残金がある場合は、運営会社の指定する方法によって払戻しを受けることができます。その際、必要書類や公的証明書を求められる場合もあります。

　定期乗車券についても、解約手続きを行うことによって払戻しが受けられる場合があります。

必要書類等

☐ 解約届
☐ 相続関係のわかる戸籍等（戸籍謄本等）
☐ IC乗車券
☐ 払戻請求書
☐ 認印

コラム
法定相続情報証明制度

　平成29年5月29日（月）から、全国の登記所（法務局）で各種相続手続きに利用することができる「法定相続情報証明制度」が始まりました。最近では、相続登記が未了のまま放置される不動産が多くなっているため、この制度によって相続登記が確実に行われてそのような不動産を減らすことを目的としている制度といえます。

　相続手続きでは、被相続人の戸籍謄本等を各種窓口に提出する必要がありますが、その都度そろえるのは大変です。そこで、法定相続情報証明制度では、法務局に戸籍謄本等と一緒に、相続関係を一覧に表した図（法定相続情報一覧図＝相続関係説明図）を提出すれば、登記官がその一覧図に認証文を付した写しを無料で交付してくれることになりました。その後の相続手続きは、認証文付きの法定相続情報一覧図の写しを利用することで、戸籍謄本等を何度も出し直す必要がなくなると想定されています。

　なお、法定相続情報一覧図は、相続人本人か司法書士、税理士、行政書士、社会保険労務士など8つの国家資格者が作成した相続関係説明図を基に発行されるものなので、今後、法務局での相続登記以外でも銀行や証券会社での相続手続きなどで利用されることが期待されています。

　相続関係が複雑な場合や一部の相続人が相続放棄している場合などは、法定相続情報一覧図には反映されないなど利用に注意が必要なことや、この制度が始まったばかりの現在では、手続きでの利用を表明している金融機関などがまだまだ少ないなど今後の利用が進むかどうか注目されるところです。

第7章

金融機関・保険会社への手続き

金融機関の取引記録も重要な情報になる！

【銀行、信用金庫、農協など】

　一般的に預貯金の手続きが中心となりますが、最近の銀行窓口では証券業や保険業の代理店となっているところがあるので、どのような取引があったのかが、大切なポイントになります。銀行の通帳の履歴（入出金の明細）は情報の宝庫ですから、一度、故人の通帳をじっくりと眺めてみましょう。

　農協に口座がある場合は、貯金以外にも共済（＝保険契約）や不動産にまつわる取引（農地や賃貸物件の管理）をしていた可能性があります。

【証券会社】

　証券会社の手続きでは、定期的に送られてくる運用報告書が最も大切な情報になります。ここから、「どの支店に、どのような口座を開設して、どのような取引をしていたのか」などがわかります。

　株、債券、投資信託、FXなど扱っている商品の種類も多く、それぞれの引継ぎ方や手続き方法を知る必要があります。

　最近ではネット証券なども多いので、取引明細が郵送されないケースも増えています。インターネット上で完結する金融機関の存在を発見することも重要です。

【生命保険】

　まず、保険証券を確認します。保険契約者、被保険者、保険金受取人が誰かによって、手続きや相続財産の扱いが変わるため非常に大切なものです。

　なお、生命保険の死亡保険金は、分割対象の遺産にはなりませんが、相続税の課税対象（一部控除）となります。

　それぞれの特徴を知って手続きを進めていきましょう。

67 預貯金の口座・キャッシュカード（銀行・信金・信組・農協）の取扱い

いつまでに 死亡後すみやかに
どこへ 故人の口座がある銀行・信金・信組・農協の各支店

遺産分割協議書や遺言書がある場合には手続き方法が異なる

　被相続人の通帳やキャッシュカードを確認し、口座のある銀行・信金・信組・農協（以下、銀行等といいます）の支店に死亡の事実を連絡し、相続手続きに関する書類を取得します。

　相続手続書類には、基本的に相続人全員が署名・押印し、相続人のうち、解約金を誰の通帳に振り込むのか、名義変更ならば誰の名義にするのかについて代表者を決めて手続きをしていきます。

　遺産分割協議書（相続財産を誰が何を取得するかを明記し、相続人全員で署名・押印した合意文書）や遺言書がある場合には手続きが異なるので、あらかじめ相談が必要です。

必要書類等

- ☐ 銀行等各支店の相続手続書類
- ☐ 故人の通帳
- ☐ 故人のキャッシュカード
- ☐ 故人が生まれてから亡くなるまでの戸籍謄本
- ☐ 相続人全員の戸籍謄本
- ☐ 相続人全員の印鑑証明書
- ☐ 代表相続人の通帳、届出印
- ☐ 遺産分割協議書や遺言書

◎「貯金等相続手続請求書」の記載例◎

書類記号：A-2

貯金等相続手続請求書（名

被相続人	死亡日	平成 27 年 8 月 15 日	フリガナ	ソウゾク　タロウ
	おところ	東京都新宿区西新宿1丁目〇番〇号	お名前	相続　太郎
			生年月日	昭和7 年 7 月 7 日

代表相続人（請求人）	〒163-1518		TEL 03-7777-7777
	おところ	東京都新宿区西新宿1丁目〇番〇号	
	フリガナ	ソウゾク　ハナコ	
	お名前	相続　花子	
	被相続人との続柄 (　妻　)	生年月日 昭和10 年 3 月 3 日

代表相続人以外の相続人	おところ 東京都中野区中野5丁目〇番〇号 NSハイツ1103号室	おところ
	お名前 相続　一郎　実印	お名前
	被相続人との続柄 (　長男　)	被相続人との続柄 (　　　)
	おところ 名古屋市中村区太閤1丁目〇番〇号	おところ
	お名前 手続　有利子　実印	お名前
	被相続人との続柄 (　長女　)	被相続人との続柄 (　　　)
	おところ	おところ
	お名前　　　　　　　　　　実印	お名前
	被相続人との続柄 (　　　)	被相続人との続柄 (　　　)

代表相続人以外の相続人の印鑑証明書も添付します

遺言執行者	おところ		遺産整理受任者	おところ
	お名前　　　　　　　　実印			お名前

第7章 金融機関・保険会社への手続き

義書換請求書兼支払請求書） ［Webサイト用］ （日附印）

1 貯金等の明細
次表の貯金等について、代表相続人の名義に書き換えた上、支払ってください。

貯金の種類	記号・番号	通帳等の有無
通常	11020-1234567	あり・なし(紛失)
定額	01930-1-123456	あり・なし(紛失)
		あり・なし(紛失)
		あり・なし(紛失)
		あり・なし(紛失)
		あり・なし(紛失)
		あり・なし(紛失)
		あり・なし(紛失)
		あり・なし(紛失)
		あり・なし(紛失)
		あり・なし(紛失)

※それぞれの相続人ご本人様が自署してください。

実印を押します

上記の「通帳等の有無」欄に「なし 紛失」と表示したものは、通帳又は証書等を紛失しましたので、未提出のまま処理してください。
なお、発見した場合は、直ちにゆうちょ銀行又は郵便局に返却します。

2 遺言の有無　被相続人の遺言書の有無について該当する番号を○で囲んでください。
(1)　無し　　　(2)　有り

3 払戻金を通常貯金へご入金の場合、通常貯金の記号番号およびお名前（口座名義人）をご記入ください。

記号番号	記号(6桁目がある場合は※欄にご記入ください。)	番号 右詰めでご記入ください。
	1 1 9 4 0　※	1 2 3 4 5 6 7 1
(フリガナ)	ソウゾク　ハナコ	
お名前	相続　花子	

＜貯金事務センター使用欄＞

確認者印		確認区分		本・代・法 人・貯・顧
特記事項				

143

68 貸金庫（銀行・信金・信組）の解約

いつまでに 死亡後すみやかに
どこへ 故人が貸金庫を借りていた銀行・信金・信組の各支店

貸金庫の手続きが完了しないと、口座が解約できない

　故人が貸金庫を借りていた場合は、その銀行・信金・信組（以下、銀行等といいます）の支店に死亡の事実を連絡し、名義変更、貸金庫の解約、引継ぎに関する書類を取得します。

　受け取った貸金庫の手続書類には、相続人全員が署名押印し、基本的には相続人全員が貸金庫を借りている支店に赴き、解約の手続きをすることとなります。どうしても相続人全員が一緒に行けないときには、他の相続人への委任状を作成する必要があります。これは銀行等に用意されていることが多いので、あらかじめ銀行等と相談しておきましょう。

　相続人全員で手続書類と貸金庫のカギ等を提出すると、貸金庫室に案内されます。貸金庫の内容物を受け取ったら、貸金庫代の精算や、鍵・カードを紛失している場合には鍵の交換費用等を清算し、貸金庫の手続きは完了です。この後、預金口座の解約手続きを行います。貸金庫の手続きが完了しないと、口座の解約はできません。

必要書類等

- ☐ 銀行等各支店の相続手続書類
- ☐ 故人の通帳とキャッシュカード
- ☐ 貸金庫のカードと鍵
- ☐ 故人の生まれてから亡くなるまでの戸籍謄本
- ☐ 相続人全員の戸籍謄本と印鑑証明書
- ☐ 代表相続人の通帳、届出印
- ☐ 他の相続人からの委任状（必要に応じて）
- ☐ 遺産分割協議書や遺言書

69 出資金（信金・農協・生協・森林組合）の払戻し

いつまでに 死亡後すみやかに
どこへ 出資金を持っている信金・農協・生協・森林組合

信金等の会員は出資をしている場合が多い

　信金・農協・生協・森林組合（以下、信金等といいます）は、会員の出資による協同組織の金融機関です。そのため、信金等の会員は出資をしている場合が多くあります。

　信金等の出資金は通帳に年に一回、出資配当金が振り込まれていることが多いので、通帳で確認できます。被相続人の通帳に「出資配当」の振込があったり、出資証券がある場合には、出資金を持っている信金等に死亡の事実の連絡が必要です。

　出資金は、通常の預貯金とは大きく異なります。出資を持った会員が亡くなったときには、信用金庫法によって会員としての権利がなくなります。これを「法定脱退」といい、出資持分払い戻し請求を行うことになります。

　相続した出資持分の払出しは年度末（3月末日が多い）までそのままにしておき、翌期首（4月の第一営業日のことが多い）以降の払戻しとなります。

手続き方法

　口座を持っている各信金等の支店に、死亡の事実を連絡します。各信金等に出資の相続手続きに必要な書類を取得します。

　各信金等から受け取った相続手続書類には、基本的に相続人全員が署名押印する必要があります。相続人全員で署名押印をし、相続人のうち、出資金を誰の通帳に振り込むのか、名義変更ならば誰の名義にするのか代表者を決め、相続人代表として手続きをしていきます。

　名義変更をして会員となるためには、各信金等の要件があります。相

続人であれば誰でも要件を満たすわけではないので、あらかじめ各信金等との相談が必要です。

　また、遺産分割協議書（相続財産を誰が何を取得するかを明記し、相続人全員で署名押印をした合意文書）や遺言書がある場合には手続き方法が異なりますので、こちらもあわせて、あらかじめの相談が必要となります。

必要書類等

- ☐ 各信金等支店の相続手続書類
- ☐ 故人の通帳
- ☐ 故人のキャッシュカード
- ☐ 出資証券、カード
- ☐ 故人の生まれてから亡くなるまでの戸籍謄本
- ☐ 相続人全員の戸籍謄本
- ☐ 相続人全員の印鑑証明書
- ☐ 代表相続人の通帳、届出印
- ☐ 遺産分割協議書や遺言書

70 公共料金の引き落とし口座の変更

いつまでに 死亡後すみやかに
どこへ 各引き落とし先金融機関

口座の変更には1か月から2か月かかる

　公共料金やクレジットカードの支払い、携帯電話代金など、個人の預金口座には毎月引き落とされるさまざまな料金があります。これらは、本人の死亡により銀行口座が凍結されると、自動的に引き落とし不能となり、支払いができなくなります。

　契約者が死亡した場合は、各公共料金やクレジットカード、携帯電話会社などに、契約者の変更もしくは解約手続きと支払先の変更手続きの申し出をし、手続書類を提出する必要があります。

　公共料金の場合など引き落とし口座の変更が完了するまでの間、電気やガスが止まってしまわないかと不安になる方がいますが、料金が引き落とせないときは、コンビニ払い等の請求書がきますのでそちらを利用して支払えば問題ありません。

手続き方法

　被相続人の通帳から口座引き落としになっている公共料金やクレジットカードは毎月、請求書・領収書が届いているはずです。それらに連絡先が書いてあるので、契約者が死亡した旨を連絡し、契約者変更の手続書類を取得します。このときに、口座振替先の変更の書類も取得します。

　各公共料金等の支払いを1つの銀行等の口座からの引き落としを希望する場合には、銀行等で1枚の用紙に電気、水道、ガス、電話、NHKが一括で口座振替先の変更ができる用紙があります。

　また、銀行等に行けない人などは、メガバンクではメールオーダーサービスが利用できます。

　クレジットカード払いに関しては、オンライン上でクレジットカード

決済にする変更等が簡単にできるようになってきています。

　ただし、いずれの方法で手続きをしても、口座振替先の変更、カード決済への変更は1か月から2か月ほどの期間を要するので、早めに手続きしてください。

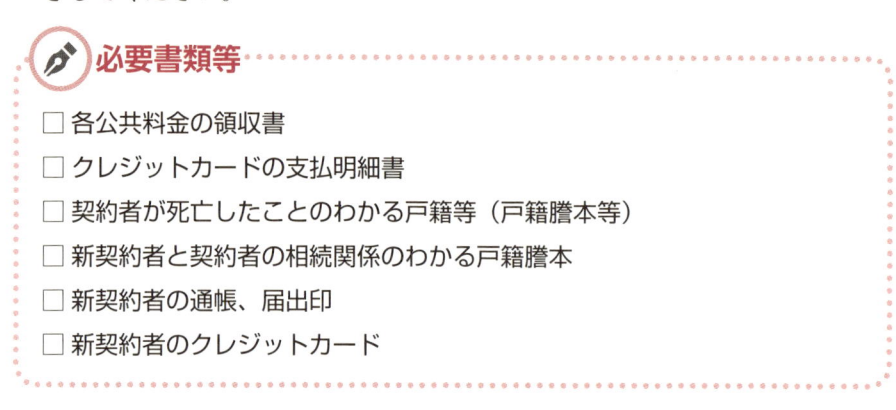

必要書類等

- ☐ 各公共料金の領収書
- ☐ クレジットカードの支払明細書
- ☐ 契約者が死亡したことのわかる戸籍等（戸籍謄本等）
- ☐ 新契約者と契約者の相続関係のわかる戸籍謄本
- ☐ 新契約者の通帳、届出印
- ☐ 新契約者のクレジットカード

コラム　公共料金の引き落とし口座はどの口座がいい？

　公共料金の引き落とし口座が故人名義になっているなら、変更の手続きが必要です。その際、相続人のどの金融機関の口座から引き落とすかを迷うところだと思います。

　「お財布代わりに使っている便利な通帳から」というのが一般的な発想でしょうか？

　ひとつのヒントとして、都市銀行などでは公共料金の振替用紙が右ページの例のように1枚で済むことが多かったりします。さらにATMコーナーに置いてある、郵送手続き（メールオーダー）でまとめて手続きをすることも可能です。金融機関によっては、ひとつの公共料金の引き落とし手続きに複数枚の書類が必要だったりすることもあります。

　金融機関を決める前に、手続き用紙の形を確認してから考えてみるのも、手続きを楽にする方法だと思います。

◎「公共料金預金口座振替依頼書」の記載例◎

公共料金預金口座振替依頼書

> 金融機関にこのような依頼書があります

| お申込日（和暦） | 　年　月　日 |

預金口座
- フリガナ※1：テツヅキ ユリコ
- おなまえ：手続 有利子 様
- 銀行名・支店名：名古屋駅前 ☑支店 □出張所
- 銀行コード：／　店番：／
- 預金種目：☑普通 □当座
- 口座番号：1234567

ご契約者※2
- 〒453-0801　電話番号（052）462-6789
- おところ※4：名古屋市中村区太閤1丁目○番○号
- フリガナ：テツヅキ ユリコ
- おなまえ：手続 有利子 様

領収証等お届け先※3
- 〒　－　　電話番号（　）
- おところ※4：
- フリガナ：
- おなまえ：　　様

お申し込みの項目にご記入・チェック☑ください。（お客さま番号、営業所名等は、最近お受け取りになった領収証等からご記入ください）

☑ NHK
- お客さま番号（不明の場合は空欄としてください）：123556789
- お支払コース（3つのうちひとつを選択してください）：□2か月払　□6か月前払　☑12か月前払
- 旧住所：（転居年月日　年　月　日）

☑ NTT
- 支店・営業所名（携帯はdocomoのみ）：名古屋支店
- 市外局番：052
- 電話番号（携帯はおづめでご記入ください）：34567890

☑ 電気
- お客さま番号：営業所4103 住所コード4501 街区01 住居6001 枝 識別 日程 2
- フリガナ：テツヅキ ユリコ
- ご契約名義※5：手続 有利子

☑ 水道
- お客さま番号：05-1-23445667

☑ ガス
- お客さま番号：区4170 町12 番号345678
- 電話ご連絡先：0524626789　☑自宅 □勤務先
- ご契約者名（カタカナ）：テツヅキ ユリコ

第7章 金融機関・保険会社への手続き

149

71 銀行等からの借入金の取扱い

いつまでに 死亡後すみやかに
どこへ 各銀行・信金・信組・農協等

📄 団体信用生命保険とは違って、死亡しても債務はなくならない

　銀行・信金・信組・農協等（以下、銀行等といいます）でローンを組んでいる場合には、すみやかに契約者の死亡の事実を銀行等に連絡します。

　このローンは住宅ローンとは異なり、団体信用生命保険などでいわゆる「死んだらチャラになる」ことはほとんどありません。そのため、基本的に相続人全員がローン残金の全額を引き受けることになります。

　通常、毎月の支払いとなっているケースが多いため、すみやかに手続きをしないと、延滞金（本来支払うべき約定元本に対しての一定率による違約金）が発生することになります。

　延滞金はなるべくなら支払いたくないものです。すみやかに借入先の銀行等に相談されることをお勧めします。

　場合によっては遺産の分け方が決まるまで、ローンだけは故人の口座から引き落としすることを了承してもらえる銀行もあります。

　まずは、借入先の銀行等の融資窓口に相談してください。

📄 手続き方法

　銀行等でローンを組んでいる場合には、すみやかに契約者の死亡の事実を銀行等に連絡します。

　ローンを支払っていく人（相続人）が決まるまでの間は、相続人の間で相談して、とりあえず、相続人のうち誰の口座からローンを支払うのかを相談し、相続人全員と銀行等との間で契約書を結びます。

　また、誰がローンを引き継ぐのか決定した際には、今度は債務を引き継ぐことになった相続人と銀行等の間で契約書の作り直しが必要となり

ます。

　その際には、ローンを借りるときと同様の審査があります。収入状況などによっては、保証人を立ててほしいと言われることや、相続人間で合意ができていても銀行の審査が通らないこともあります。借入先の銀行等の融資窓口に相談してください。

必要書類等

- ☐ 各銀行等借入先の契約書等
- ☐ 故人の通帳
- ☐ 故人が生まれてから亡くなるまでの戸籍謄本
- ☐ 相続人全員の戸籍謄本
- ☐ 相続人全員の印鑑証明書
- ☐ ローン支払いをする相続人の通帳、届出印
- ☐ 源泉徴収票等収入の確認できる書類

コラム　借金は額がわかるまで「払う」と言わない

　故人が多くの借金を抱えていることは珍しいことではありません。その借金について相続人が把握していないことも、当然よくあることです。

　まずは借金の有無やあった場合の額を確認しなければならないのですが、金融機関等に問い合わせると返済を求められます。そんなときは、「相続放棄も含めて検討したいので債務の残額を教えてほしい」と申し出ましょう。

　「返済します」とは言わないようにしてください。「返済する」の一言で単純承認となり、多額の借金に気づいても、相続放棄できなくなってしまうリスクがあるからです。

72 カードローンの取扱い

いつまでに 死亡後すみやかに
どこへ 銀行・信金・農協・ローン会社

債務の金額を教えてもらう

　銀行・信金・農協・ローン会社（以下、ローン会社等といいます）のローンの請求書などを見つけたときはあわてずに、カードの利用明細や支払いの督促状などに記載されている問い合わせ先に連絡して、支払いをすべき人が亡くなったことを伝えます。

　絶対に言ってはいけないのは、「支払います」という言葉です。相続人として支払うという意思表示をすると、大きな借金があった場合に、相続放棄できなくなることがあります。万が一のことを考えて、電話で「債務の金額を教えてください」とお願いします。

　故人に、ほかにも借金があるかもしれない場合は、現状把握をする前に安易に返さないようにすることが大切です。借金が不安な場合は、下記の3つの信用情報機関で、故人の信用情報の開示請求ができます。

　JICC（日本信用情報機構）／消費者金融・クレジット系、CIC／クレジット系、KSC（全国銀行個人信用情報センター）／銀行系

手続き方法

　まずは各ローン会社等に死亡の事実を連絡します。そして、ローン会社等からローン残高を書面でもらいます。支払う際には再度ローン会社等に連絡し、振込用紙を送付してもらいます。

必要書類等

- □ 各ローン会社のカード
- □ 被相続人の死亡の記載のある戸籍謄本
- □ 相続人の戸籍謄本

73 公営ギャンブルの電話投票権の解約（JRAなど）

いつまでに 死亡後すみやかに
どこへ JRA、競輪、競艇、それぞれのサービスセンター

故人がギャンブル好きだったときは通帳を確認する

　ギャンブル好きの人が亡くなった場合は、すみやかに通帳を確認してみましょう。公共第一支店、公共第二支店などの地名ではない支店名の通帳があれば、それは公営ギャンブル専用の口座です。

　また、一般的な支店名の通帳にもJRAなど公営ギャンブルらしき少額の引き落としや、入金があった場合は、手続きが必要です。

　公営ギャンブルの電話投票権を解約してからでないと各金融機関の通帳の相続手続きができない場合がほとんどです。

手続き方法

　まずは、公営ギャンブルの各団体のサービスセンターに連絡して、会員の死亡による電話投票権の解約をしたい旨を伝えます。電話番号は各団体のホームページ等をご参照ください。その際、会員証が紛失している場合や、会員番号等がわからない場合でも問題はありません。

　サービスセンターから電話投票権解約届（代理解約用）を郵送してもらいます。郵送されてきた電話投票権解約届に必要事項を記入して各団体に返送すると、2週間から1か月ほどで電話投票権解約完了通知が届き、完了となります。

必要書類等

☐ 公営ギャンブル関係の入出金のある通帳やキャッシュカード
☐ 電話投票権解約届

74 生命保険付住宅ローンの有無の確認

いつまでに 死亡後すみやかに
どこへ 住宅ローンを借りている金融機関へ

まずは団体信用保険に加入しているかどうかを確認する

　住宅ローンを支払っている人が亡くなった際には、まず借入先の銀行等（銀行・信金・農協）へ連絡しましょう。

　その際には、手元にローンの引き落とし先の通帳と死亡届などを用意して電話をかけましょう。ただし、この電話をもってローン返済口座は凍結されるので、注意してください。

　融資の担当者にローン契約者が亡くなったことを伝える際に必ず確認すべき点は、団体信用保険に加入しているかどうかということ。なぜなら、「住宅ローンは死んだらチャラになる」と、よく言われるのですが、この団体信用保険に入っていなければ、チャラにならないからです。

　最近の住宅ローンは、団体信用保険の加入が借入れの条件となっていることが多いのですが、途中で保険料を納めなくなった場合に失効してしまっているケースもあります。

　また、住宅ローンの借入時に保険の審査が通らず加入していない場合や、リフォーム費用を後で追加借入れした場合には、追加借入れについては団体信用保険の加入がない場合も多く見られます。

手続き方法

　まずは、借入先の銀行等の融資担当者にローン契約者が死亡した事実を連絡します。そして、団体信用保険に加入しているかどうかの確認をします。

　団体信用保険に加入していた場合には、借入先の金融機関から団体信用保険の請求に必要な弁済届を取得しましょう。

　団体信用保険の請求は、書類を提出してから審査に1か月ほどかかる

ことが多く、債務が完済するまでに2か月以上かかることも、まれではありません。

その間は、住宅ローンの返済を続けていかなくてはならないので、注意が必要です。完済後、亡くなったのちに支払った返済金は返還されるので、安心してください。

なお、団体信用保険の請求は3年で時効となります。3年以上たったのちに保険請求をしても債務完済とならないことがあります。

また、不動産に抵当権を付けている場合は、ローン完済後に抵当権の抹消の手続きも忘れずに行ってください。

必要書類等

☐ 団体信用生命保険請求書
☐ 死亡証明書または死亡診断書（加入期間が短い場合には、保険会社指定の様式での提出が必要になることが多い）
☐ 契約者が亡くなったことの記載のある住民票
☐ 振込口座（変更）届（死亡用）

コラム　団信のおつり

「団体信用生命保険は万が一のときに住宅ローンがチャラになる保険」という認識は一般的ですが、実際に住宅ローンの残額丁度の生命保険金が下りて返済に充てられるのでしょうか？

いいえ、そうではありません。団体信用生命保険は、ローン残高よりも多めに支払われることがほとんどです。そのため金融機関に返済後の"おつり"が請求者に対して支払われることになります。「団体信用生命保険請求後に何かお金が振り込まれた」と皆さんよく驚かれていますが、そういう事情があるのです。

75 株式・債券の引継ぎ

いつまでに 遺産分割協議成立後すみやかに
どこへ 会社の指定する名義書換場所（信託銀行など）または証券会社

相続人は故人と同じ証券会社に口座が必要

　故人（被相続人）が株式や債券を所有していた場合は、故人が取引していた証券会社に死亡の事実を伝えます。すると、被相続人が所有していた株式の一覧と、相続手続依頼書を発行してもらえます。相続人が証券会社に口座を持っていない場合は、口座開設申込書ももらいます。

　平成21年1月の株券電子化後、上場会社の株式は、基本的に証券会社の口座へ移管されました。しかし、証券会社の口座に移管せずに株券のまま持っていた場合は、信託銀行の特別口座で管理されています。

　その場合は、信託銀行に死亡の事実を伝えます。すると、証券会社と同様に相続手続依頼書を発行してもらえます。

　相続手続依頼書に記名・押印し、必要書類をそろえて一緒に送ります。

※信託銀行の特別口座で管理されている場合は、証券会社の口座に移管する必要があるため、証券会社に口座がない場合は証券会社に口座を開設します。信託銀行の書類には、移管先の証券会社の口座を記入する必要があります。

　なお、遺言書などの有無によって必要書類が変わってきます。

必要書類等

【遺言書があり、遺言執行者が選定されている場合】
- ☐ 遺言書謄本（公正証書遺言以外の場合は、さらに家庭裁判所の遺言書検認証明書）
- ☐ 被相続人の戸籍謄本（死亡の記載のあるもの）
- ☐ 遺言執行者の印鑑証明書または資格証明書（発行後6か月以内のもの）
- ☐ 相続手続依頼書（兼同意書）

【遺言書があり、遺言執行者が選定されていない、かつ承継者が法定相続人の場合】
- ☐ 遺言書謄本（公正証書遺言以外の場合は、さらに家庭裁判所の遺言書検認証明書）
- ☐ 被相続人の戸籍謄本（死亡の記載のあるもの）
- ☐ 承継者が法定相続人であることが確認できる戸籍謄本
- ☐ 相続手続依頼書（兼同意書）

【その他の場合】
- ☐ 被相続人の戸籍謄本（出生から死亡までの連続したもの）
- ☐ 相続人全員の戸籍謄本
- ☐ 相続人全員の印鑑証明書
- ☐ 相続手続依頼書（兼同意書）
- ☐ 遺産分割協議書

76 投資信託等有価証券の引継ぎ

いつまでに	遺産分割協議成立後すみやかに
どこへ	証券会社または投資信託取扱い会社（銀行・ゆうちょ銀行・生命保険会社等）、投信販売会社

投資信託等を保有しているか確認する

　投資信託・国債・社債などの債権等有価証券（以下、「投資信託等」といいます）を保有している場合は、証券会社または投資信託取扱い会社等から「取引残高報告書」が定期的に送付されています。それを見て投資信託等を保有しているかどうかを確認します。

　保有していれば、その保管先の証券会社または取扱い会社等に死亡の事実を連絡し、手続きを行います。

手続き方法

　まずは、投資信託等の保管先の証券会社、または銀行などの投資信託取扱い会社、投信販売会社に死亡の事実を連絡します。手続きに必要な書類が送られてきます。証券会社の場合、手続きは郵送で可能な場合もあります。

　相続人が証券会社や投資信託取扱い会社に口座を持っていない場合は、口座開設申込書ももらいます。投信販売会社の場合も同様に口座がない場合は口座開設申込書をもらいます。「相続手続依頼書（兼同意書）」に記名・押印し、必要書類をそろえて一緒に送ります。

　なお、遺言書などの有無によって必要書類が変わってきます。これは、株式の場合と同様です。

必要書類等

遺言書の有無や遺言執行者が選定されているかによって必要書類が変わってきます。株式の場合と同様です。

【遺言書があり、遺言執行者が選定されている場合】
- ☐ 遺言書謄本（公正証書遺言以外の場合は、さらに家庭裁判所の遺言書検認証明書）
- ☐ 被相続人の戸籍謄本（死亡の記載のあるもの）
- ☐ 遺言執行者の印鑑証明書または資格証明書（発行後6か月以内のもの）
- ☐ 相続手続依頼書（兼同意書）

【遺言書があり、遺言執行者が選定されていない、かつ承継者が法定相続人の場合】
- ☐ 遺言書謄本（公正証書遺言以外の場合は、さらに家庭裁判所の遺言書検認証明書）
- ☐ 被相続人の戸籍謄本（死亡の記載のあるもの）
- ☐ 承継者が法定相続人であることが確認できる戸籍謄本
- ☐ 相続手続依頼書（兼同意書）

【その他の場合】
- ☐ 被相続人の戸籍謄本（出生から死亡までの連続したもの）
- ☐ 相続人全員の戸籍謄本
- ☐ 相続人全員の印鑑証明書
- ☐ 相続手続依頼書（兼同意書）
- ☐ 遺産分割協議書

77 単元未満株・未電子化株式の引継ぎ

いつまでに 死亡後すみやかに
どこへ 信託銀行・証券会社

単元未満株や未電子化株式は特別な手続きが必要

　平成21年1月の株券電子化後、上場会社の株式は、基本的に証券会社の口座へ移管されました（「保護預かり」といいます）。しかし、売買の取引単位である株数に満たない株式（単元未満株）は証券会社には移管されず、信託銀行に特別口座というかたちで残っている場合があります。

　故人が単元未満株を持っていた場合は、特別口座のある信託銀行で手続きをする必要があります。

　単元未満株は、金融商品取引所での取引ができないので、信託銀行に時価で買い取ってもらうか（この場合、手数料は無料）、証券会社の口座に移管するか（手数料がかかります）、いずれかの手続きをします。

　信託銀行等、名簿管理会社から配当の通知が送られてきたときに、単元未満の端数が記載されていれば単元未満株があると考えて間違いありません。

　また、平成21年1月の電子化の際に、手元に株券を持っていて証券会社に預けなかったもの（保護預かりにしなかった株式）を未電子化株式といいます。

　電子化されていない株券は持っていても紙切れになり、株券の保有記録だけが信託銀行の特別口座に記録されています。証券会社の相続人の口座に移管することで電子化されて相続できます。証券会社に口座がない場合は、口座を開設します。

手続き方法

　信託銀行または証券会社に死亡の事実を連絡します。必要書類が送られてきます。証券会社に口座がない場合は新規口座を開設します。

単元未満株が証券会社にある場合は、同じ証券会社の相続人の口座に移管して相続します。

必要書類等

【単元未満株の相続】
　単元未満株を管理している信託銀行または証券会社に、次の書類をそろえて提出します。
- ☐ 被相続人の出生から死亡までの連続した戸籍（除籍）謄本
- ☐ 相続人全員の戸籍謄本
- ☐ 相続人全員の印鑑証明書
- ☐ 遺産分割協議書
- ☐ 相続手続依頼書（兼同意書）
- ☐ 口座振替申請書または単元未満株式買取請求書

【未電子化株式の相続】
- ☐ 被相続人の出生から死亡までの連続した戸籍（除籍）謄本
- ☐ 相続人全員の戸籍謄本
- ☐ 相続人全員の印鑑証明書
- ☐ 遺産分割協議書
- ☐ 相続手続依頼書（兼同意書）
- ☐ 口座振替申請書

※上記の必要書類は、信託銀行、移管する証券会社のどちらでも必要となる場合があります

78 未収配当金の受取り

いつまでに 配当金払渡期間（支払期間）内に
どこへ 信託銀行、証券代行会社

未収配当金は相続人が受け取れる

　上場会社の株式を保有していた人が亡くなった場合に、その会社の配当金を受け取る権利がありますが、未だ受け取っていない配当金（これを未収配当金といいます）が残っていることがあります。

　配当支払い確定日と死亡日との兼ね合いで受け取っていないことがありますが、手続きをすることで相続人が受け取ることができます。

手続き方法

　未収配当金の有無は、故人が保有していた株式の会社の決算報告や配当支払い通知によって知ることができます。

　生前、配当金は、①保有者の証券口座に入金して受け取る、②保有者の銀行口座に直接振り込みで受け取る、③配当金領収書（サイン、押印をして領収書として提出するためこの名前）という通知書を利用してゆうちょ銀行で現金化する、の3通りの受け取り方があります。

　故人がどの受け取り方をしていたかは、証券会社の運用報告書や証券口座とリンクさせていた銀行口座の入出金の履歴を見ることで知ることができます。

　そのいずれにも記載がない場合は、配当金領収書という通知書でゆうちょ銀行の窓口での現金受取りをしていたことが推測されます。

　配当支払い時期になって配当金領収書が送られてきたら、その株式の名簿管理をしている信託銀行等の窓口で相続手続依頼書（兼同意書）を提出して受け取ることになります。

　未収配当金は、支払期限内にかぎり、ゆうちょ銀行の窓口で相続人であることを証明し、配当金領収書にて受け取ることができます。

必要書類等

遺言書の有無や遺言執行者が選定されているかによって必要書類が変わってきます。

【遺言書があり、遺言執行者が選定されている場合】
☐ 遺言書謄本（公正証書遺言以外の場合は、さらに家庭裁判所の遺言書検認証明書）
☐ 被相続人の戸籍謄本（死亡の記載のあるもの）
☐ 遺言執行者の印鑑証明書または資格証明書（発行後6か月以内のもの）
☐ 相続手続依頼書（兼同意書）
☐ 配当金領収書

【遺言書があり、遺言執行者が選定されていない、かつ承継者が法定相続人の場合】
☐ 遺言書謄本（公正証書遺言以外の場合は、さらに家庭裁判所の遺言書検認証明書）
☐ 被相続人の戸籍謄本（死亡の記載のあるもの）
☐ 承継者が法定相続人であることが確認できる戸籍謄本
☐ 相続手続依頼書（兼同意書）
☐ 配当金領収書

【その他の場合】
☐ 被相続人の戸籍謄本（出生から死亡までの連続したもの）
☐ 相続人全員の戸籍謄本
☐ 相続人全員の印鑑証明書
☐ 相続手続依頼書（兼同意書）
☐ 遺産分割協議書
☐ 配当金領収書

※上記以外にも書類が必要な場合があります。

79 弔慰金国債の引継ぎ

いつまでに 死亡後すみやかに
どこへ ゆうちょ銀行・総務省

手続き方法

　戦没者等の妻に対する特別給付金や戦没者等の遺族に対する特別弔慰金等は、弔慰金国債という特別な国庫債券で支給されていて、相続することができます。手続きの窓口はゆうちょ銀行です。

　受給者が亡くなった場合は、恩給相談専用電話（03-5273-1400）か恩給相談メール（onkyusoudan@soumu.go.jp）に連絡します。

　亡くなった時期により、未支給金または過払金が生じることがあります。未支給金がある場合や扶助料を受け取れる遺族がいる場合には、請求手続きが必要です（国内居住の受給者が亡くなったときは、住民基本台帳ネットワークシステムの利用により「失権届」を提出する必要はなくなりました）。以下の書類をそろえてゆうちょ銀行で手続きします。

　最近では国庫債券をゆうちょ銀行に預け入れて、受取時期になると銀行口座への入金によって受け取る方法が一般化しているため、まずは国庫債券の名義変更を行うこととなります。国庫債券の名義変更後は、亡くなった人と同様に口座に振り込む形で受け取ることになります。

　国外居住の受給者が亡くなった場合は、「失権届」に所要事項を記載のうえ、戸籍謄本等の証明書類を添えて、政策統括官（恩給担当）に提出する必要があります。

必要書類等

- ☐ 受給者の死亡の記載のある戸籍書類
- ☐ 相続関係のわかる戸籍等（戸籍謄本等）
- ☐ 相続する人の印鑑
- ☐ 国庫債券

80 生命保険の手続き

いつまでに 死亡した日から3年以内
どこへ 加入している生命保険会社

契約者と被保険者が同じか違うかで手続きが異なる

　故人が生命保険の契約をしていた場合、故人が被保険者（保険の対象となる人）であるかないかで、手続きが変わります。

①死亡保険で契約者＝被保険者の場合

　契約者と被保険者が同じ。たとえば、夫が、自分が死亡したときに妻が保険金を受け取れる生命保険を契約した場合です。夫が契約者であり、同時に被保険者でもあります。

②死亡保険で契約者≠被保険者の場合

　契約者と被保険者が違う。たとえば、夫が、自分を受取人として妻が死亡したときに保険金を受け取れる生命保険を契約した場合です。夫が契約者で、妻が被保険者となります。

手続き方法

　加入している生命保険会社へ連絡します。以下のそれぞれの場合について、請求書類など必要書類を記載した書類が届きます。

・死亡保険で契約者＝被保険者の場合

　契約者と被保険者が同一で契約者が死亡の場合は、被保険者の死亡をもって保険金が受取人に支払われて保険契約が終了します。

・死亡保険で契約者≠被保険者の場合

　契約者と被保険者が別で契約者が死亡の場合は、被保険者が死亡したわけではないので、契約者の相続人全員の共有財産として保険契約は継続します。

　この場合は、契約を相続して継続するか、契約を解約するかを相続人で相談して手続きをします。

いずれの場合も、受取人または代表者が請求書類に記入押印し、必要書類をそろえて生命保険会社に提出します。

必要書類等

【死亡保険で契約者＝被保険者の場合】
□ 保険金・給付金請求書
□ 受取人の本人確認書類
□ 被保険者の戸籍謄本（死亡が記載されているもの）
□ 死亡診断書

【死亡保険で契約者≠被保険者の場合】
□ 契約者変更届または解約請求書
□ 契約者の戸籍謄本（出生から死亡までの連続したもの）
□ 死亡診断書
□ 相続人全員の戸籍謄本
□ 相続人が複数人いる場合は代表者選任届

※必要書類はあくまでも一般的なものです。生命保険は保険の種類や内容、また生命保険会社によっても必要書類が変わってきますので、上記以外の書類の提出を求められる場合もあります。

81 簡易生命保険の手続き

いつまでに 原則として5年以内（書類などがそろっている場合は、特に時効は設けていない）
どこへ かんぽ生命保険窓口のある郵便局

故人が「かんぽ」に加入していた場合は手続きが必要

　簡易保険とは、2007年10月の郵政民営化以前に郵便局が行っていた生命保険事業のことで、正式名称は「簡易生命保険」、通称は「かんぽ」です。

　故人が簡易保険に加入していた場合は、生命保険と同様に保険金の請求または相続の手続きが必要です。

　簡易保険ではほとんどの場合、死亡保険とともに入院給付金等の特約がついています。死亡保険金は受取人が単独で請求できますが、特約の給付金については、相続財産として相続人全員で請求することになります。手続き上は、請求の代表者を選定することになります。

手続き方法

　郵便局に備付けの所定の用紙（契約者変更等請求書等・保険金支払請求書等）に記入し、手続きする人の印鑑を押印します。そして、保険証券（書）と、手続きする人の身分証明書（運転免許証やパスポートなど）、相続人が確認できる書類（戸籍謄本など）と一緒に提出します。

　相続人が複数人いる場合は、代表者（1名）が手続きをすることになるので、相続人全員で相談して、代表者（1名）を選出してください。

　相続人のなかに未成年者がいる場合は、相続人である未成年者自身（未成年者が記載等できない場合は親権者または未成年後見人）による記載・記名押印のほかに、法定代理人（親権者または未成年後見人）による記名・押印も必要となります。

　また、未成年者と法定代理人との続柄を確認できる書類（戸籍謄本など）の提出が必要となる場合があります。

第7章 金融機関・保険会社への手続き

必要書類等

- ☐ 相続関係がわかる戸籍謄本等
- ☐ 保険金支払い請求書、または契約者変更等請求書
- ☐ 保険証券
- ☐ 死亡証明書・入院証明書等（死亡保険金や入院給付金等の請求の場合）
- ☐ 代表者選定届（権利者が複数いる場合）、または遺産分割協議書
- ☐ 相続人全員の実印
- ☐ 相続人全員の印鑑証明書（発行後６か月以内のもの）
- ☐ 手続きする人の身分証明書（運転免許証やパスポート等）

※以下の書類が必要な場合もあります。

- ☐ 新たに保険契約者となる人の預貯金通帳および届出印（引き続き保険料の支払いが必要な場合にかぎります）
- ☐ 簡易保険カード（簡易生命保険契約で利用がある場合にかぎります）
- ☐ 保険料領収書（窓口払込みの保険契約にかぎります）

　上記以外に、死亡証明書、入院証明書、被保険者の生年月日が確認できる書類などが必要な場合もあります。

※相続人が複数人いる場合は、上記の必要書類と合わせて次の書類が必要になります。

- ☐ 相続人全員が記載・記名押印（実印）した代表者選定届
- ☐ 代表者以外の相続人全員の印鑑証明書（印鑑証明書の提出が困難な場合には、本人のみが使用できる公的書類＝運転免許証・健康保険証など）

　代表者選定届に代えて、郵便局に備付けの所定の用紙（契約者変更等請求書等・保険金等支払請求書等）の裏面に記載することも可能

82 入院給付金の請求

いつまでに 死亡後3年以内
どこへ 加入している生命保険会社

相続人が必要書類をそろえて手続きを行う

　生命保険では、入院給付金が支払われる場合が多くあります。

　入院・手術給付金は、受取人本人の請求によって支払われます。そして一般的に、入院・手術給付金の受取人は被保険者となっています。

　したがって、受取人（＝被保険者）が亡くなった場合は、相続人（相続人が複数人いる場合は代表者）が、請求書類に記入押印し、必要書類をそろえて生命保険会社に提出します。この場合、入院給付金は相続財産となります。

　なお、「指定代理請求人」などの代理人が指定されている場合は、代理人が請求できることもあります。

手続き方法

　加入している生命保険会社へ死亡の事実を連絡します。その際、①証券番号、②被保険者の氏名、③入院日なども知らせます。

　請求書類などの必要書類を記載した書類が届きますので、記入・押印し、必要書類をそろえて手続きします。

必要書類等

- □ 保険金・給付金請求書
- □ 医師の診断書（入院日、入院日数なども記載されたもの）
- □ 相続人（代表者受取人）の本人確認書類
- □ 受取人が被相続人だった場合で相続人が複数人いる場合は、代表者選定届
- □ 受取人が被相続人だった場合、被相続人の戸籍謄本（死亡が記載されているもの）

83 家屋の火災保険の名義変更

いつまでに 死亡後すみやかに
どこへ 損害保険会社

掛け捨て型か貯蓄型かで必要書類は異なる

故人が、居住する家屋の火災保険の契約者だった場合、名義変更が必要です。火災保険が掛け捨て型か貯蓄型かで、必要書類は異なります。

手続き方法

加入している損害保険会社に死亡の事実を連絡します。必要な書類などを記載した案内が届きますので、記入・押印し、必要書類をそろえて提出します。

●掛け捨て型の場合──「火災保険契約内容変更届」（以前は「火災保険異動承認請求書」と呼ばれたもの）に必要事項を記入して提出します。

●貯蓄型の場合──積み立てられているお金が相続財産にあたるため必要な書類が多くなります。

必要書類等

【掛け捨て型の場合】
☐ 火災保険契約内容変更届

【貯蓄型の場合】
☐ 火災保険契約内容変更届
☐ 相続念書（保険会社が認めたもの）
☐ 戸籍謄本（契約者の死亡確認ができ、相続人との関係がわかるもの）
☐ 代表相続人の印鑑証明書
☐ 連帯保証人の印鑑証明書
☐ 返戻金を受け取る場合は本人確認書類

第8章

住居・不動産関係の手続き

土地には4つの価格がある

①実勢価格
　実際の不動産市況において成約するであろうその不動産の売買価格を指します。土地の場合、まったく同一の土地は存在しないことから、実際に取引される価格（時価）を指します。

②公示地価
　国土交通省が発表する土地価格。標準地を定め、毎年3月に公表しています。一般の不動産取引価格目安や、公共収用される土地の目安となる価格としています（実勢価格の90％目安）。

③路線価（相続税路線価）
　国税庁が発表する土地価格。相続税や贈与税を計算する際に利用する価格です（実勢価格の70～80％、公示地価の80％目安）。

④固定資産税評価額
　市区町村が発表する土地価格。固定資産税や都市計画税の計算の際に利用されます（実勢価格の60～70％、公示地価の70％目安）。

　相続税の申告の際には、③路線価の評価を使いますが、遺産分割の際にはどの価格で行うのか相続人の間で基準を持つことが大切です。

相続人が故人の不動産を把握するのは難しい

　毎年の固定資産税の明細書や不動産の売買契約書、不動産の登記済権利証、登記識別情報などが重要な資料となります。
　原野商法などで購入した価値の低い土地などは固定資産税の請求がこないため所有しているかどうかがわかりにくく、特に資料が大切になります。

84 借地・借家の名義変更

| いつまでに | 死亡後すみやかに |
| どこへ | 地主・家主 |

権利は承継できるが、名義変更は必要

　借地人・借家人が死亡したときは、相続人が当然にその権利を承継します。したがって、地主や家主の承諾は必要ありません。

　ただし、無償で借りる使用貸借契約に基づく契約の場合は、相続により契約が終了するため、継続を希望するなら、改めて地主や家主と契約について交渉してください。

手続き方法

　地主や家主に連絡して、借地契約や借家契約の名義変更（再契約等）を行ってください。契約書を変更してもらう際に、印紙代等、一部手数料がかかることがあります。

必要書類等

- ☐ 借地契約書・借家契約書
- ☐ 相続人の実印
- ☐ 相続人の印鑑証明書

第8章　住居・不動産関係の手続き

85 賃貸住宅の名義変更

いつまでに	死亡後すみやかに
どこへ	家主・不動産管理会社

権利は承継できるが、名義変更は必要

賃貸住宅の入居者（契約者）が死亡したときは、相続人が当然にその権利を承継します。したがって、家主や不動産管理会社の承諾は必要ありません。

手続き方法

家主や不動産管理会社に連絡をして、借家人（借主）の名義変更を行ってください。

必要書類等

☐ 賃貸借契約書
☐ 相続人の実印
☐ 相続人の印鑑証明書

86 市営・都営・県営住宅の契約の承継

いつまでに 死亡後すみやかに
どこへ 住宅供給公社

一定の条件を満たせば契約を承継することができる

　市営・都営・県営住宅の入居者（契約者）が死亡したときは、「公営住宅法」の定める目的により、当然には相続の対象にはならないという最高裁判所の判例があります。判例によると、公営住宅は住宅に困っている所得の低い人を対象として、安い賃料で住宅を提供することで、国民生活の安定と社会福祉の増進をはかることを目的としているものだから、相続人が同じ住宅を使用する権利を当然に承継することはできないということです。

　ただし、一定の条件を満たせば、契約を承継することが可能な場合があります。詳しくは、その住宅を管理する住宅供給公社に問い合わせてください。

手続き方法

相続人が引き続き居住するためには、
①故人の住民票または除票
②その他住宅供給公社が指定する書類
を提出して手続きを行います。

必要書類等

- ☐ 住宅供給公社が指定する届出書
- ☐ 死亡記載の戸籍謄本・除票
- ☐ 引き続き居住する相続人の住民票
- ☐ 引き続き居住する相続人の印鑑証明書

87 相続登記の申請

いつまでに 死亡後すみやかに
どこへ 法務局

通常は司法書士に代理人として申請してもらう

　土地や建物などの不動産を相続した場合には、登記簿上の所有者名義を故人から相続人名義に変更する登記手続きを行う必要があります。この登記を相続登記といいます。

手続き方法

　遺産分割協議または遺言書で不動産を取得することとなった相続人が、法務局で名義変更の登記申請をします。

　通常は司法書士に依頼し、代理人として申請してもらいます。相続人自身で登記することもできますが、申請書の書き方や付属書類など法務局に5〜7回程度出向いて相談する必要があり、時間と手間がかかります。

必要書類は相続人になった経緯により少し異なる

　遺産分割協議で相続人が決まった場合は、遺産分割協議書と相続人全員の戸籍や印鑑証明書が必要になります。遺言書で相続する人（受遺者）が決まっている場合は、その人の戸籍と印鑑証明書が必要というように、一部、必要とされる書類が変わってくるので注意してください。

　相続人が自分で相続登記を行うときは、詳細は管轄の法務局の登記相談窓口で確認します。

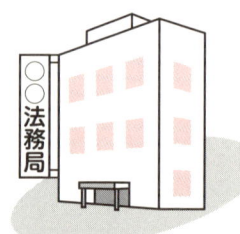

必要書類等

【遺産分割協議による場合】
- □ 被相続人の出生から死亡までのすべての戸籍謄本
- □ 相続人全員の戸籍謄本
- □ 不動産を相続する人の住民票
- □ 不動産の全部事項証明書（登記簿謄本）
- □ 不動産の固定資産税の評価証明書
- □ 遺産分割協議書
- □ 相続人全員の印鑑証明書
- □ 登録免許税

※司法書士に依頼する場合の追加書類
- □ 不動産所有者（相続人）から司法書士への委任状

【遺言書による場合】
- □ 被相続人の死亡記載のある戸籍謄本
- □ 受遺者の住民票
- □ 受遺者の印鑑証明書
- □ 不動産の全部事項証明書（登記簿謄本）
- □ 不動産の固定資産税の評価証明書
- □ 登録免許税

※司法書士に依頼する場合の追加書類
- □ 不動産所有者（相続人）から司法書士への委任状

88 抵当権抹消登記の申請

いつまでに 死亡後すみやかに
どこへ 法務局

司法書士に依頼することが多い

　金融機関などで借入れを行う際、不動産に抵当権を設定（俗にいう担保設定）することがあります。担保設定をすると、不動産の登記簿には抵当権の設定登記がされます。

　すでに借入金を返済している場合や、団体信用生命保険により住宅ローンが完済されることになった場合は、この担保設定を外すことができます。登記簿上の抵当権を消す登記を「抵当権抹消登記」といい、相続登記と同様に、一般的には司法書士に依頼することが多いと思います。

手続き方法

　金融機関からの借入れを全額返済した際に返却される抵当権解除のための必要書類等を添えて、法務局に抵当権抹消の登記申請をします。相続の場合は相続登記と同時に抵当権抹消登記をすることが一般的です。

必要書類等

　相続登記と同時に抵当権抹消登記を行う場合は、相続登記の必要書類に加えて以下の書類が必要となります。

- ☐ 抵当権解除証書（金融機関が発行する完済証明書等）
- ☐ 抵当権設定当時の登記済権利証または登記識別情報
- ☐ 金融機関等の代表事項証明書（金融機関の法人登記事項証明書等）
- ☐ 登録免許税

※司法書士に依頼する場合の追加書類

- ☐ 金融機関から司法書士への委任状
- ☐ 不動産所有者（相続人）から司法書士への委任状

89 未登記家屋の登録者名義の変更

- **いつまでに** 死亡後すみやかに
- **どこへ** 市区町村の固定資産税課または資産税課

未登記家屋は所有者を変更する手続きが必要

故人が所有していた家屋が未登記家屋（法務局に登記されていない家屋）であった場合は、所有者を変更する手続きが必要です。

未登記であっても、固定資産税の課税台帳には建物所有者名が記載され、固定資産税が課税されています。

相続の機会に建物表題登記を備えない場合は、この台帳上の所有者名義を変更する手続きをとることになります。

手続き方法

各市区町村によって添付書類に違いはありますが、「未登記家屋の所有者変更届」と合わせて、以下の書類を提出します。

必要書類等

- ☐ 未登記家屋の所有者変更届
- ☐ 遺産分割協議書、遺言書などの相続を証明する書類（遺産分割等がない場合は、法定相続人の合意書＜同意書＞が必要）
- ☐ 被相続人の出生から死亡までの一連の戸籍
- ☐ 相続人全員の戸籍謄本
- ☐ 相続人全員の印鑑証明書

90 建物表題登記の申請

いつまでに 建物新築後1か月以内、未登記建物を相続した場合はすみやかに
どこへ 法務局

建物の新築時に「建物表題登記」がされているか確認する

　建物が新築されたとき、最初に「建物表題登記」を行います。通常は、新築後1か月以内に土地家屋調査士に依頼して、登記簿の「表題部」を新設してもらいます。この表題部の作成登記のことを建物表題登記といいます（以前は「建物表示登記」といいました）。

　これは、新築した際には家主が必ず行わなければならない登記で、この申請義務を怠った場合は10万円以下の過料に処される罰則があります。ところが、実際にはこの建物表題登記がされていない建物（未登記建物）が多数、存在します。

　相続した建物に建物表題登記がなされていない場合は、新築後数年以上たっていても表題部を新設して登記簿を作り、その後、所有権保存登記（182ページを参照）をして所有者を明確にすることとなります。

　しかし実際には、建築後数十年、経過している建物について、改めて建物表題登記をすることは少ないようです。

手続き方法

　建物表題登記は、建物の物理的状況を表題部に記載していくため、建築時の図面等が必要になります。専門的な事項が多いため、土地家屋調査士に依頼することをお勧めします。

　以下に必要書類を記載してありますが、新築後1年以内に相続が発生した場合を想定しています。したがって、新築して何年も経過している場合は内容が異なるので、法務局または土地家屋調査士に相談してください。

必要書類等

- ☐ 建築確認申請書と確認済証（通常一緒に綴られています）
- ☐ 工事完了引渡証明書（工事人が施主に登記を行うために発行してくれる書類）
- ☐ 工事人の資格証明書（工事人の会社が商業登記簿に登記されていることを、法務局が証明する書面）
- ☐ 工事人の印鑑証明書（工事完了引渡証明書には実印を押印してもらうために印影を確認する）
- ☐ 検査済証（役所で完了検査を受けている人は必要）
- ☐ 請負契約書または工事代金領収書（領収証は工事代金の一部でも可、手付金・契約金・中間金等）
- ☐ 申請人の住民票
- ☐ 相続人全員の印鑑証明書（申請人が複数になる場合は必要）
- ☐ 遺産分割協議書（相続が発生している場合、相続人を特定するために必要）
- ☐ 相続関係を証明する戸籍等
- ☐ （建物）固定資産税評価証明書（建物建築後1年以上経過している場合は必要）
- ☐ 委任状（土地家屋調査士に依頼する場合）
- ☐ 建物図面・各階平面図

91 所有権保存登記の申請

いつまでに 死亡後すみやかに
どこへ 法務局

建物の新築時に「所有権保存登記」がされているか確認する

建物を新築すると、最初に「建物表題登記」をします。これで、建物の登記簿の一番上の「表題部」が作成されたことになります。相続した建物に、表題部のみ登記されたものがあった場合は、「権利部甲区」という所有権に関する事項を作成する必要があります。この所有権に関する登記を「所有権保存登記」といいます。

新築時に、表題部の登記を土地家屋調査士に、権利部の登記を司法書士に依頼するのが一般的です。ところが、表題部の登記には登記期限と登記しなかった場合の過料の罰則があるのに対して、権利部の登記は任意になっているため、保存登記がされていないことがよくあります。

所有権保存登記は、必要書類をそろえて法務局へ申請します。司法書士に依頼する場合は委任状を用意します。

個人が住宅用家屋を新築した場合、市区町村長などが発行する証明書を添付して、1年以内に所有権保存登記を申請する場合は登録免許税の軽減措置の適用を受けられます。要件を満たした建物であることを証明するために住宅用家屋証明書を添付します。故人が新築後1年以内に亡くなり、所有権保存登記をしていない場合はこの要件が適用されます。

必要書類等

- ☐ 所有者（相続した人）の住民票
- ☐ 不動産の固定資産税の評価証明書
- ☐ 住宅用家屋証明書（新築1年以内の登録免許税の減免を受ける場合）
- ☐ 登録免許税

92 固定資産税納税者代表選定の届出

いつまでに 死亡後すみやかに
どこへ 市区町村の固定資産税課または資産税課

固定資産税の支払義務者を明らかにする

　不動産には固定資産税がかかります。その支払義務があるのは、1月1日現在、所有者として登録されている人です。

　固定資産の所有者が死亡した場合は、相続登記が必要ですが、相続登記が、納税者（固定資産所有者）が亡くなった年内に完了していない場合、また、1月から納税通知書発送日までの間に亡くなった場合は、納税通知書が届くまでに「固定資産税代表者選定用紙」の提出が必要となります。

　なお、この届出は固定資産税・都市計画税の書類送付先を定めるものです。したがって、この届出で相続が確定するものではありません。

手続き方法

　各市区町村の所定の用紙に、相続人代表者の署名・押印と相続人全員の署名を記載して提出します。市区町村によっては、代表者の署名・押印で済む場合もあります。

必要書類等

- ☐ 固定資産税代表者選定用紙
- ☐ 相続関係のわかる戸籍等（戸籍謄本等）
- ☐ 相続人全員の認印
- ☐ 口座振替用紙（固定資産税の支払いを口座振替にする場合）

93 建物滅失登記の申請

いつまでに 建物の取壊し後1か月以内
どこへ 法務局

通常は土地家屋調査士に依頼する

相続で取得した登記済みの建物を取り壊した場合は、取壊しから1か月以内に、建物の「滅失登記」を申請しなければなりません。これを怠った場合は、10万円以下の過料に処すと定められています。

相続した不動産を利用しないため建物を取り壊したり、土地の売却のために更地化することがあります。また、改築などで現在は存在しない建物の登記が残っている場合があります。このような場合には、建物滅失登記をすることになります。

通常は土地家屋調査士に依頼します。

手続き方法

建物を取り壊したら、解体業者から建物取壊証明書の発行を受けて、建物が現存しないことを証明します。

土地家屋調査士に依頼する場合は、資格者としての現認証明書で代用ができるようです。取壊し後、数年以上経過している場合などは土地家屋調査士に依頼するほうが安心でしょう。

必要書類等

☐ 建物滅失登記申請書
☐ 建物取壊証明書
☐ 取り壊した業者の印鑑証明書
☐ 業者が会社の場合は業者の登記簿謄本等
☐ 登録免許税

94 分筆登記の申請

いつまでに 死亡後すみやかに
どこへ 法務局

土地を「共有」で相続するのは避けたほうがいい

　遺産分割の際に、複数人で土地を持ち合うことがあります。1つの土地を2人以上の相続人で持つことを「共有」といいます。これに対して、1つの土地を2つ以上に分割してそれぞれを相続する場合に、土地の登記を分けることを「分筆」といいます。

　共有で相続すると、その土地を売却する際などには共有者全員の同意がないと処分することができません。相続の現場では、共有で土地を持ち合うことはあまりお勧めできません。

　そこで、土地を2つ以上に分けて登記をしたうえで、1つずつ相続する方法をとることがあります。この2つ以上に分けて登記することを「分筆登記」といいます。

　分筆登記のためには、実際に土地を測量して境界線を確定していきます。境界線確定の測量は専門的な知識と技術が必要となるので、専門家である土地家屋調査士に依頼することをお勧めします。

手続き方法

（1）土地の境界確定測量を行う

　土地の境界の位置がはっきりしていないと分筆登記はできないため、境界確定測量を行います。

　境界確定測量は、さまざまな資料や現況から境界の位置を計算し、位置を推定します。推定した位置について、その土地に隣接するすべての土地所有者と立ち会いを行います。

　推定した位置を確認し、境界の位置に問題がなく、土地所有者との合意にいたった場合は、土地所有者から署名と押印をもらい、境界標を設

置します。

　土地境界確定測量は、土地家屋調査士に依頼するのが一般的です。

（2）地積更正登記を行う（必要な場合）

　境界確定測量により決まった境界から算出した地積（土地の面積）と登記記録の地積とを比較します。2つの地積の差が、ある一定の差の範囲を超えている場合は、地積更正登記という土地の地積の更正する登記が必要になります。

　地積更正登記では、土地の境界や境界線、境界標を表した地積測量図が必要となります。

（3）分筆する位置に境界標を設置する

　分筆する位置を検討し、分筆したい位置に境界標を設置します。

（4）土地分筆登記を行う

　分筆登記を行う土地の境界や境界線、分筆する境界標を含んだすべての境界標を表した地積測量図を作成し、申請します。

必要書類等

☐ 立会証明書　※立ち会いが必要な場合（境界が確定していない場合）、官公署の証明書（確定協議書等）、民有地所有者同士の証明書（筆界確認書等）が必要

☐ 地積測量図（土地家屋調査士が作成する）

☐ 現地調査報告書

☐ 委任状（申請人から土地家屋調査士へのもの）

95 土地の境界確定

いつまでに 死亡後すみやかに
どこへ 法務局

土地家屋調査士に依頼したほうがいい

　相続した土地を売却したいときなどには、隣地との境界線がどこになるのかが問題となります。境界確定のためには、公図や地積測量図などの図面や、現況や境界杭・鋲といったものを調べていきます。そのうえで隣地の人との間で境界線を合意していくことになります。

　専門的な測量や土地境界についての知識が必要となるため、土地家屋調査士に依頼することをお勧めします。

　土地の境界の位置をはっきりさせるために境界確定測量を行います。

　境界確定測量は、さまざまな資料や現況から境界の位置を計算し、位置を推定します。推定した位置について、その土地に隣接するすべての土地所有者と立ち会いを行います。

　推定した位置を確認し、境界の位置に問題なく、土地所有者と合意にいたれば土地所有者から署名と押印をもらい、境界標を設置します。

必要書類等

- □ 登記簿謄本
- □ 地図・公図
- □ 地積測量図（土地家屋調査士が作成する）
- □ 委任状（市区町村へ確定申請をするためのもの）
- □ 隣地土地所有者と土地境界を確認したことを証する書面（境界確認書または筆界確認書）
- □ 市区町村と官民境界について確認したことを証する書面（道路境界確定証明書など）

コラム マイナンバー制度と相続手続き

　平成27年10月からマイナンバーが国民に通知されました。平成28年1月からは段階的に使用が開始されています。

　マイナンバー制度は、「①行政を効率化し、②国民の利便性を高め、③公平・公正な社会の実現」を目的とした制度です。施行当初は社会保障、税、災害対策の行政手続きのみで使用されます。

　たとえば、児童手当の現況届の際や、厚生年金の裁定請求、証券会社や保険会社が提出する法定調書での記載、給与の源泉徴収票への記載などで使用開始されています。相続税の申告を中心とした税の分野では、申告書に相続人のマイナンバーを記載することが必要とされています。

　将来的に法律が改正されると活用範囲が広がり、金融機関など民間の会社でもマイナンバーを使った手続きが増え、相続でも、被相続人の戸籍の収集や相続税の課税、贈与の把握など想定される使い道は多く、手続き自体が簡易・迅速に行えるようになるかもしれません。

第9章

税務署関係の手続き

"餅は餅屋"──相続税は経験豊富な税理士に

　平成27年1月1日から基礎控除が引き下げられて、相続税の課税が強化されました。

　すべての人に相続税がかかってくるわけではありませんが、相続税の申告は、「被相続人が死亡したことを知った日の翌日から10か月以内」という期限があります。長いようで短く、余裕がなくなることがよくありますから、「相続人の確定」と「相続財産の確定」をなるべく早く済ませて、必要なら税理士の協力をあおぎましょう。

　相続税の申告には経験と知識が欠かせないので、相続税を得意としている税理士の協力が不可欠です。専門家による節税の効果も期待できます。

　なお、相続税以外にも故人が商売をしていた場合など、税務上の手続きや届出が必要なことも多々あります。また、相続税法と遺産の分割等を規定した民法では、考え方の相違がみられるため相続財産目録の作成自体にも注意が必要です。

◎民法と税法の違い◎

財産項目	民法 （遺産の分け方）	相続税法 （相続税の課税）
土地 （評価額の算定）	実勢価格	路線価価格 各種特例で評価額が変わる
生命保険の死亡保険金	遺産分割対象外 受取人固有の財産	相続税課税対象（一部控除あり）
死亡退職金	遺産分割対象外（退職金規定による）受取人固有の財産	相続税課税対象（一部控除あり）

96 所得税の準確定申告

いつまでに 相続の開始があったことを知った日の翌日から4か月以内
どこへ 被相続人の死亡当時の住所地の税務署長

4か月以内に所得税の申告・納税を行う

　給与所得者以外の自営業者等は、確定申告により所得税を納めます。ただし、年の中途で死亡した人の場合は、相続人が、1月1日から死亡した日までに確定した所得金額および税額を計算して、相続の開始があったことを知った日の翌日から4か月以内に確定申告と納税を行う必要があります。これを「**準確定申告**」といいます。

　また、確定申告の必要な人が、翌年の1月1日から3月15日までに確定申告書を提出せず死亡した際の申告期限は、前年分、本年分とも相続の開始があったことを知った日の翌日から4か月以内となります。

　なお、準確定申告で適用される社会保険料控除や生命保険料控除等の金額は、死亡の日までに被相続人が支払った保険料等の額にかぎられます。また、配偶者控除や扶養控除等は、死亡の日の現況で判断します。

手続き方法

　「準確定申告書」は、各相続人の氏名、住所、被相続人との続柄などを記入した「準確定申告書の付表」を添付して提出します。

　相続人が2人以上いる場合は、各相続人が連署して提出することになります。ただし、他の相続人の氏名を付記して各人が別々に提出することもできます。この場合、申告書を提出した相続人は、他の相続人に申告した内容を通知しなければならないことになっています。

必要書類等

☐ 確定申告書　　　　　☐ 確定申告書の付表
☐ 相続人全員の認印

◎「確定申告書付表」の記載例◎

		一連番号

死亡した者の平成 27 年分の所得税及び復興特別所得税の確定申告書付表
（兼相続人の代表者指定届出書）

1　死亡した者の住所・氏名等

住所	東京都新宿区西新宿１丁目〇番〇号	氏名	フリガナ ソウゾク　タロウ 相続　太郎	死亡年月日	平成 27 年 8 月 15 日

2　死亡した者の納める税金又は還付される税金（所得税及び復興特別所得税の第３期分の税額）（還付される税金のときは頭部に△印を付けてください。）　△37,200 円 …A

3　相続人等の代表者の指定（代表者を指定されるときは、右にその代表者の氏名を書いてください。）　相続人等の代表者の氏名　相続　花子

4　限定承認の有無（相続人等が限定承認をしているときは、右の「限定承認」の文字を〇で囲んでください。）　限定承認

5 相続人等に関する事項				
(1) 住所	東京都新宿区 西新宿１-〇-〇	東京都中野区中野 5-〇-〇 NSハイツ1103号室	名古屋市中村区 太閤１-〇-〇	
(2) 氏名	フリガナ ソウゾク ハナコ 相続　花子 ㊞	フリガナ ソウゾク イチロウ 相続　一郎 ㊞	フリガナ テツヅキ ユリコ 手続　有利子 ㊞	フリガナ ㊞
整理欄（記入しないでください。）				
(3) 職業及び被相続人との続柄	職業 無職　続柄 妻	職業 会社員　続柄 長男	職業 主婦　続柄 長女	職業　続柄
(4) 生年月日	明・大・(昭)・平 10 年 3 月 3 日	明・大・(昭)・平 36 年 1 月 6 日	明・大・(昭)・平 39 年 2 月 6 日	明・大・昭・平 年　月　日
(5) 電話番号	03 -7777-7777	03 -6666-6666	052- 451 - 1111	－　－
(6) 相続分 …B	法定・指定 ――	法定・指定 ――	法定・指定 ――	法定・指定 ――
(7) 相続財産の価額	円	円	円	円

6 納める税金等				
Aが黒字のとき　各人の納付税額 A × B（各人の100円未満の端数切捨て）	00円	00円	00円	00円
Aが赤字のとき　各人の還付金額（各人の１円未満の端数切捨て）	37,200 円	0 円	0 円	円

7 還付される税金の受取場所					
銀行等の預金口座に振込みを希望する場合	銀行名等	〇〇　(銀行)・金庫・組合・農協・漁協	銀行・金庫・組合・農協・漁協	銀行・金庫・組合・農協・漁協	銀行・金庫・組合・農協・漁協
	支店名等	新宿　本店・(支店)・出張所・本所・支所	本店・支店・出張所・本所・支所	本店・支店・出張所・本所・支所	本店・支店・出張所・本所・支所
	預金の種類	普通　預金	預金	預金	預金
	口座番号	1122334			
ゆうちょ銀行の口座に振込みを希望する場合	貯金口座の記号番号	－	－	－	－
郵便局等の窓口受取りを希望する場合	郵便局名等				

（平成二十五年分以降用）〇この付表は、申告書と一緒に提出してください。

（注）「５　相続人等に関する事項」以降については、相続を放棄した人は記入の必要はありません。　26.11

97 医療費控除の還付請求

いつまでに 医療費を支払った年の翌年１月１日から５年間
どこへ 住所地の税務署長

亡くなった年に10万円以上の医療費を支払っていたとき

　医療費控除とは、自己または自己と生計を一にする配偶者やその他の親族のために支払った医療費で、その年の１月１日から12月31日までの間に支払ったものが対象となり、一定の金額の所得控除を受けることです。

　故人が亡くなったときまでに支払ったその年の医療費が10万円以上である場合、または故人の所得の５％以上かかった場合は、医療費控除を受けることができます。

手続き方法

　医療費控除を受けるためには、医療費控除に関する事項を記載した「確定申告書」を所轄税務署長に対して提出しなければなりません。

　医療費の支出を証明する書類（領収書など）については、確定申告書に添付するか、確定申告書を提出する際に提示しなければなりません。

必要書類等

☐ 確定申告書
☐ 医療費等の領収書

98 個人事業の廃業届

いつまでに 個人事業者死亡の日から１か月以内
どこへ 住所地の税務署長

📄 個人事業を引き継ぐ場合は所得税・消費税関係の届出が必要

　個人事業者が死亡したときは、死亡の日から１か月以内に納税地の所轄税務署に対して、「個人事業の廃業届出書」を提出します。

　このとき、事業を引き継ぐ相続人がいる場合には、「個人事業の廃業届出書」とは別に、開業（被相続人の死亡）後１か月以内に「個人事業の開業届出書」を、納税地の所轄税務署に提出します。

　また、青色申告の承認を受けていた被相続人の事業を承継した相続人が青色申告をする場合には、相続開始を知った日（死亡の日）の時期に応じて、それぞれ次の期間内に「所得税の青色申告承認申請書」を提出しなければなりません。

①死亡の日が１月１日から８月31日までの場合
　　　　　　　　　　……死亡の日から４か月以内
②死亡の日が９月１日から10月31日までの場合
　　　　　　　　　　……その年の12月31日まで
③死亡の日が11月１日から12月31日までの場合
　　　　　　　　　　……その年の翌年の２月15日まで

　死亡した人が消費税の課税事業者であった場合には、納税地の所轄税務署に、すみやかに「個人事業者の死亡届出書」を提出します。

　このとき、消費税の免税事業者である相続人が事業を承継した場合には、消費税の納税義務は免除されないので、納税地の所轄税務署に、すみやかに「消費税課税事業者選択届出書」および「相続があったことにより課税事業者となる場合の付表」を提出します。

　なお、事業を承継した相続人が、その相続のあった年から簡易課税制度を適用しようとする場合には、その年の12月31日までに「消費税簡易

課税制度選択届出書」を提出します。

通常は、前年の12月31日までに提出しなければなりませんが、相続により課税事業者となった場合には、その相続のあった年の12月31日までに提出することで、その年から簡易課税制度を選択できます。

手続き方法

「個人事業の廃業届出書」を作成し、納税地を所轄する税務署へ持参、または郵送により提出します。

個人事業主の場合、所得税や消費税などに関する多くの届出が必要になります。税理士または所轄の税務署に相談することをお勧めします。

必要書類等

- ☐ 個人事業の廃業届出書
- ☐ 個人事業者の死亡届出書（消費税の課税事業者だった場合）

※個人事業を引き継ぐ場合は以下の書類も必要

- ☐ 個人事業の開業届出書
- ☐ 所得税の青色申告承認申請書
- ☐ 消費税課税事業者選択届出書
- ☐ 相続があったことにより課税事業者となる場合の付表
- ☐ 消費税簡易課税制度選択届出書

◎「個人事業の廃業届出書」の記載例◎

税務署受付印				1 0 4 0

個人事業の開業・(廃業)等届出書

※「廃業」に丸でかこみます

	納税地	(住所地)・居所地・事業所等（該当するものを○で囲んでください。）
__新宿__税務署長		新宿区西新宿１丁目○番○号 (TEL 03 - 7777 - 7777)
___年___月___日提出	上記以外の住所地・事業所等	納税地以外に住所地・事業所等がある場合は記載します。 (TEL - -)
	フリガナ	ソウゾク ハナコ	生年月日	大正・(昭和)・平成 10年 3月 3日生
	氏名	相続 花子 ㊞		
	職業	無職	フリガナ 屋号	

個人事業の開廃業等について次のとおり届けます。

届出の区分 <small>該当する文字を○で囲んでください。</small>	開業（事業の引継ぎを受けた場合は、受けた先の住所・氏名を記載します。） 　住所＿＿＿＿＿＿＿＿＿＿＿＿＿＿＿＿＿＿＿　氏名＿＿＿＿＿＿＿＿ 事務所・事業所の（新設・増設・移転・廃止） (廃業)（事由） （事業の引継ぎ（譲渡）による場合は、引き継いだ（譲渡した）先の住所・氏名を記載します。） 　住所＿＿＿＿＿＿＿＿＿＿＿＿＿＿＿＿＿＿＿　氏名＿＿＿＿＿＿＿＿				
開業・廃業等日	開業や廃業、事務所・事業所の新増設等のあった日　平成 27年 8月 15日				
事業所等を 新増設、移転、 廃止した場合	新増設、移転後の所在地　　　　　　　　　　（電話） 移転・廃止前の所在地				
廃業の事由が法人の設立に伴うものである場合	設立法人名　　　　　　　　代表者名 法人納税地　　　　　　　　　　　　設立登記　平成　　年　　月　　日				
開業・廃業に伴う届出書の提出の有無	「青色申告承認申請書」又は「青色申告の取りやめ届出書」				有・(無)
	消費税に関する「課税事業者選択届出書」又は「事業廃止届出書」				有・(無)
事業の概要 <small>できるだけ具体的に記載します。</small>					
給与等の支払の状況	区分	従事員数	給与の定め方	税額の有無	その他参考事項
	専従者	0人		有・無	
	使用人	0		有・無	
	計	0		有・無	
	源泉所得税の納期の特例の承認に関する申請書の提出の有無	有・(無)	給与支払を開始する年月日	平成　　年　　月　　日	

関与税理士 　 (TEL - -)	税務署整理欄	整理番号		関係部門連絡	A	B	C	D	E
				源泉 用紙交付	通信日付印の年月日 　　年　　月　　日				確認印

196

99 相続税の申告

いつまでに	相続の開始があったことを知った日の翌日から10か月以内
どこへ	被相続人の死亡時における住所地を所轄する税務署長

すべての人に相続税がかけられるわけではない

「相続税を納めるために不動産を売却した」とか、「相続が三代続くと財産がなくなる」という話を聞いたりしますが、財産を相続したすべての人に相続税が課せられるわけではありません。

相続税は、個人が被相続人の財産を相続したり、遺贈や相続時精算課税にかかる贈与によって取得した場合に、その取得した財産の価額を基に課される税金です。

被相続人から財産を取得した各人の課税価格の合計額が、遺産にかかる基礎控除額（3,000万円＋600万円×法定相続人の数）を超える場合、その財産を取得した人は相続税の申告をする必要があります。

したがって、課税価格の合計額が、遺産にかかる基礎控除額以下である場合には、相続税の申告をする必要はありません。

「法定相続人の数」は、相続の放棄をした人があっても、その放棄がないとした場合の相続人の数をいいますが、被相続人に養子がある場合には、「法定相続人の数」に含める養子の数については、
①被相続人に実子がある場合は1人
②被相続人に実子がない場合は2人まで
となります。

手続き方法

相続税の申告書は、同じ被相続人から財産を取得した人が共同で作成して提出することができます。

これらの人の間で連絡がとれない場合など、申告書を共同で作成して提出することができない場合には、別々に申告書を提出することもでき

ます。

相続税の計算は、以下の手順で行います。
① 遺産の額から基礎控除額を差し引く
② 残った課税遺産の額を法定相続分で分配したものとして計算する
③ 法定相続分で計算した金額に該当する税率を乗じて、それぞれの相続税額を計算する
④ 相続税額の合計額を実際に受け取った遺産額に応じてあん分する

実際の遺産分割に関わりなく、遺産総額および法定相続人・法定相続分という客観的な基準に基づいて相続税の総額を算出し、実際の相続割合に応じてあん分し、各人が負担する相続税額を算出するというしくみになっています。

相続税の税額は、申告時に利用できる特例などを効果的に使うことで節税することができます。専門的知識と経験が豊富な税理士に依頼することをお勧めします。

必要書類等

- ☐ 相続税の申告書
- ☐ 被相続人の出生から死亡までの戸籍謄本
- ☐ 被相続人の住民票の除票
- ☐ 相続人全員の戸籍謄本
- ☐ 相続人全員の住民票
- ☐ 遺産分割協議書
- ☐ 相続人全員の印鑑証明書
- ☐ 不動産登記簿謄本
- ☐ 固定資産税の課税明細書
- ☐ 金融機関の残高証明書
- ☐ その他相続財産の価値を示す書類など

第9章 税務署関係の手続き

◎「相続税の申告書」◎

相続税の申告書 FD3553

第1表(平成27年分以降用)

相続開始年月日 27年8月15日

各人の合計（被相続人）
- フリガナ: ソウゾク タロウ
- 氏名: 相続 太郎
- 生年月日: 昭和7年7月7日（年齢83歳）
- 住所: 東京都新宿区西新宿1丁目○番○号

財産を取得した人
- フリガナ: ソウゾク ハナコ
- 氏名: 相続 花子 ㊞
- 生年月日: 昭和10年3月3日（年齢80歳）
- 〒163-1518
- 住所: 東京都新宿区西新宿1丁目○番○号
- 電話番号: 03-7777-7777

課税価格の計算や各人の税額算出は税理士に依頼すると安心です

199

100 障害者控除対象者認定

いつまでに 準確定申告までに
どこへ 市区町村役場

📄 確定申告のときに「認定書」を添付する

　納税者自身、または控除対象配偶者や扶養親族が所得税法上の障害者にあてはまる場合は、一定の金額の所得控除を受けることができます。これを「障害者控除」といいます。控除金額は障害者1人について27万円、特別障害者に該当する場合は40万円になります。

　確定申告の際に、市区町村長等が認定していることを示す「障害者控除対象者認定書」を添付することで障害者控除を受けることができます。

　亡くなった人が確定申告をしていた場合に準確定申告でも控除が使えますし、場合によっては数年分さかのぼって所得税の確定申告をやり直すことができます。

　一般的には、要介護認定を受けていると、障害者控除対象者として市区町村長等が認定することが多くみられます（必ずしも要介護認定＝障害者控除対象者ではありません）。該当しそうな人がいるのなら、まず、市区町村や福祉事務所に障害者控除対象者認定の申し出をして認定書をもらうことがスタートになります。

　市区町村によっては、介護認定の申請書類などをもとに障害者控除対象者認定書を、毎年自動的に発行しているところもあります。住所地の市区町村の福祉課等で確認してください。認定書が発行されたら、所得税の確定申告の際に障害者控除の適用をすることとなります。

✏️ 必要書類等

☐ 相続人であることを示す戸籍等
☐ 障害者控除対象者認定の申請書

◎「障害者控除対象者認定書」の例◎

障 害 者 控 除 対 象 者 認 定 書

平成 ○ 年 ○ 月 ○ 日

(申請者) 相続　太郎　様

　　　　　　　名古屋市○○区社会福祉事務所長　　[印]

次のとおり、所得税法施行例（昭和40年政令第96号）第10条及び地方税法施行例（昭和25年政令第245号）第7条又は第7条の15の7に定める（障害者）
特別障害者　として認定します。

申請者	住所	名古屋市中村区太閤1丁目○番○号	氏名	相続　太郎
対象者	住所	名古屋市○○区○○町1丁目123番地	氏名	相続　一郎
	生年月日	昭和2年1月1日	性別	男

	障害事由	認定年月日
障害者	(1) 知的障害者（軽度・中度）に準ずる。	・平成26年12月1日
	(2) 身体障害者（3級～6級）に準ずる。	
特別障害者	(1) 知的障害者（重度）に準ずる。	
	(2) 身体障害者（1、2級）に準ずる。	
	(3) ねたきり高齢者	

（注）　障害事由の変更・消滅又は対象者の住所・氏名に変更が生じた場合には、すみやかに認定を受けた区社会福祉事務所にその旨を報告してください。

この決定に不服があるときは、この決定のあったことを知った日の翌日から起算して60日以内に、市長に対する審査請求をすることができます。
この決定に不服があるときは、この決定のあったことを知った日の翌日から起算して6か月以内に、市を被告として決定の取消しの訴えを提起することができます。

第10章

裁判所関係の手続き

争いがなくても裁判所のお世話になることもある

　遺産分割で争ったとき以外にも、遺言書の検認（第1章を参照）や遺言執行者の選任、相続人の中に認知症の人がいた場合の成年後見人選任など家庭裁判所での手続きがあります。
　これらの手続きを経ないと遺産分割や解約・名義変更等ができない場合があるので、家庭裁判所での手続きが必要かどうか見極めることも大切になってきます。
　家庭裁判所での手続きは思ったよりも時間がかかるものです。早いタイミングで、司法書士や弁護士などの専門家に依頼し取りかかるといいでしょう。

101 遺言執行者の選任

いつまでに 自筆証書遺言ならば検認が終わったらすぐに。公正証書遺言ならば遺言執行者が亡くなったことを知ったらすぐに
どこへ 家庭裁判所

相続手続きに慣れた専門家を候補者にするのが望ましい

　遺言によって遺言を執行する人が指定されていないとき、あるいは遺言執行者（遺言の内容を実現する人）が亡くなったときは、家庭裁判所は申立てにより、遺言執行者を選任することができます。

　遺言執行者が選任されると、遺言内容の実現の手続きは遺言執行者のみで行うことができるため手続き自体が簡素化されます。遺言書で認知・相続人の廃除・遺贈などを定めているときは、遺言執行者が必要です。

手続き方法

　利害関係人（相続人、遺言者の債権者、遺贈を受けた者など）が家庭裁判所に遺言執行者選任の申立書を提出します。相続人自身を候補者にもできますが、弁護士、司法書士、行政書士などの相続手続きに慣れた専門家を候補者にすることをお勧めします。

必要書類等

- □ 遺言執行者選任の申立書
- □ 遺言者の死亡の記載のある戸籍（除籍、改製原戸籍）謄本（全部事項証明書）。ただし、申立先の家庭裁判所に遺言書の検認事件の事件記録が保存されている場合（検認から5年間保存）は添付不要
- □ 遺言執行者候補者の住民票または戸籍附票
- □ 遺言書写しまたは遺言書の検認調書謄本の写し。申立先の家庭裁判所に遺言書の検認事件の事件記録が保存されている場合（検認から5年間保存）は添付不要
- □ 利害関係を証する資料　※親族の場合、戸籍謄本

◎遺言執行者を選任するとき◎

	受付印	家事審判申立書　事件名（ 遺言執行者選任 ）

400円の印紙を2枚貼ります

（この欄に申立手数料として1件について800円分の収入印紙を貼ってください。）

　印　紙　　　　印　紙

（貼った印紙に押印しないでください。）
（注意）登記手数料としての収入印紙を納付する場合は、登記手数料としての収入印紙は貼らずにそのまま提出してください。

収入印紙	円
予納郵便切手	円
予納収入印紙	円

| 準口頭 | 関連事件番号　平成　　年（家　）第　　　　　　　　　号 |

| ○○ 家庭裁判所 御中
平成 ○年 ○月 ○日 | 申立人
（又は法定代理人など）
の記名押印 | 丙野一郎　㊞ |

| 添付書類 | （審理のために必要な場合は、追加書類の提出をお願いすることがあります。）
※ 標準的な申立添付書類については、裁判所ウェブサイトの「手続の概要と申立ての方法」のページ内の「申立てに必要な書類」欄を御覧になるか、家事手続案内サービスのファクシミリ案内により、各手続のご案内を取り出して御覧ください。 |

申立人

本籍（国籍）	（戸籍の添付が必要とされていない申立ての場合は、記入する必要はありません。） ○○　都道府県　○○市○○町○丁目○番地
住所	〒○○○-○○○○　　　電話　○○○（○○○）○○○○ ○○県○○市○○町○丁目○番○号○○マンション○○号室　（　　方）
連絡先	〒　　-　　　　　電話　　（　　） （　　方）
フリガナ 氏名	ヘイノ　イチロウ 丙野一郎	大正・昭和・平成　○年○月○日生 （○○歳）
職業	会社員

※ 遺言者

本籍（国籍）	（戸籍の添付が必要とされていない申立ての場合は、記入する必要はありません。） ○○　都道府県　○○市○○町○丁目○番地
住所	〒○○○-○○○○　　　電話　　（　　） ○○県○○市○○町○丁目○番○号　（　　方）
連絡先	〒　　-　　　　　電話　　（　　） （　　方）
フリガナ 氏名	コウノ　タロウ 甲野太郎	大正・昭和・平成　○年○月○日生 （○○歳）
職業	無職

（注）　太枠の中だけ記入してください。
※の部分は、申立人、法定代理人、成年被後見人となるべき者、不在者、共同相続人、被相続人等の区別を記入してください。

別表第一 (1/)

(942210)

申　立　て　の　趣　旨
遺言者の平成〇年〇月〇日にした遺言につき，遺言執行者を選任するとの審判を求めます。

申　立　て　の　理　由
1　申立人は，遺言者から別添の遺言書の写しのとおり，遺言者所有の不動産の遺贈を受けた者です。 2　この遺言書は，平成〇年〇月〇日に御庁においてその検認を受けました（平成〇年（家）第〇〇〇〇号）が，遺言執行者の指定がないので，その選任を求めます。 　なお，遺言執行者として，弁護士である次の者を選任することを希望します。 　　　住所　　〇〇県〇〇市〇〇町〇丁目〇番〇号 　　　連絡先　〇〇県〇〇市〇〇町〇丁目〇番〇号〇〇ビル〇階 　　　　　　　〇〇法律事務所 　　　　　　　（電話番号　〇〇〇－〇〇〇－〇〇〇〇） 　　　氏名　　乙　山　松　雄（昭和〇年〇月〇日生）

別表第一（　／　）

102 遺言内容の執行

いつまでに 死亡後すみやかに
どこへ 各種手続先

遺言執行者が遺言書の指示どおりに手続きを進める

　これは、遺言書の内容どおりに実現させる手続きです。たとえば、不動産登記や財産の引渡しなどについて、それを行う人を遺言執行者といいます（前項を参照）。遺言書に遺言執行者が指定されていればその人が、指定がない場合には家庭裁判所が選任した人がなります。

　遺言執行者は、遺言執行に関する全権限を有しているため、相続人がその行為を行ったり、妨げたりすることはできません。

手続き方法

　遺言執行者に就任すると、まずは法定相続人に対して遺言執行者の就任通知を送付し、手続きを開始することを宣言します。また、相続財産の目録を作成して法定相続人に開示する義務があります。

　そのうえで、遺言書の指示どおりに手続きを進めていきます。

必要書類等

- ☐ 遺言書（自筆証書の場合は検認済みのもの）
- ☐ 遺言者の死亡の記載のある戸籍謄本（実際の手続きのときに提出する）
- ☐ 遺言者の出生から死亡までの戸籍謄本（法定相続人の確定に使う）
- ☐ 法定相続人全員の戸籍謄本と住民票
- ☐ 遺言執行者の実印と印鑑証明書

103 裁判外での協議

いつまでに 死亡後すみやかに
どこへ 法定相続人間で

弁護士を代理人として分割方法を決める

　民法には法定相続分の規定がありますが、遺言があれば、基本的にはそれに従います。遺言がない場合は遺産分割協議によって相続人間の合意ができれば法定相続分に従わない遺産分割も可能です（30ページを参照）。相続人間での話し合いがまとまらなければ、家庭裁判所に調停を委ねることになります（38ページを参照）。

　家庭裁判所での調停を希望しない場合は、相続人全員または相続人の一部の人が弁護士を代理人として、他の相続人との間で分割の協議を進めることもできます。これを「裁判外での（分割）協議」といいます。

　この協議でも決まらない場合は、やはり家庭裁判所に調停を申し立てることになります。

財産を分割する方法は3つある

　遺産の分割割合が決まれば、次は誰がどの財産を相続するかを決めることになりますが、これについては、以下の3つの方法があります。

　①**現物分割**（遺産を現物のまま分割する方法）、②**代償分割**（特定の相続人が自分の相続分を超えて相続財産を取得する代わりに、自分の手持ちの現金または不動産等を他の相続人に支払う方法）、③**換価分割**（相続した財産を売却し、その売却代金で分割する方法）。

必要書類等

- ☐ 相続関係を証明する戸籍謄本一式
- ☐ 財産目録
- ☐ 不動産登記事項証明書
- ☐ 不動産の固定資産税額証明書
- ☐ 金融資産の残高証明書等

第10章 裁判所関係の手続き

104 遺留分減殺請求

いつまでに 遺留分の侵害を知ったときから1年以内
どこへ 相手方相続人等

📄 遺言の内容に関わらず「遺留分」の請求が行える

　「被相続人は自己の財産を遺言によって自由に処分できる」という建前があるのですが、一方では推定相続人の相続期待利益を保護し、また、被相続人死亡後の遺族の生活の保障を図ることも必要となります。

　そこで、相続財産の一定部分（相続財産の2分の1、相続人が直系尊属だけの場合は3分の1）を、一定範囲の相続人に留保させる「**遺留分**」という制度が設けられています。

　逆にいえば、相続財産の2分の1または3分の2については被相続人が遺言書で自由に処分していいことになり、自由に処分できない部分が「遺留分」ということができます。遺留分は、相続人のうち遺留分権者（兄弟姉妹以外の法定相続人）であれば必ず保護されます。

　遺留分の減殺請求は、必ず①相続の開始および減殺すべき贈与または遺贈があったことを知った日から1年以内、かつ、相続開始の日から10年以内に、②相手方に対して行わなければなりません。

　遺留分減殺請求権は、家庭裁判所に申し出る必要はなく、相手方に直接、意思表示して交渉することもできます。相手方が交渉に応じなければ裁判所に訴えを起こすことになります。

　遺留分の算定や減殺の順序などは非常に難しい手続きとなるので、弁護士へ相談されることをお勧めします。

✏️ 必要書類等

- □ 遺留分減殺請求書（後日の争いをできるかぎり回避し、事後の立証の便宜のため配達証明付内容証明郵便により行うとよい）
- □ 相続財産の目録等

105 子の氏（うじ）の変更許可申立て

いつまでに 復氏届後すみやかに
どこへ 家庭裁判所・市区町村役場

📄 子供の姓を自分の結婚前の姓にすることができる

たとえば、夫が死亡したとき妻が復氏届を提出すれば結婚前の姓に戻ることができます。しかし、この届出では、配偶者との間に生まれた子供の姓や戸籍は変わりません。子供の姓を親と同じにし、同じ戸籍に入れたい場合には、「子の氏の変更許可申立て」が必要です。

📄 手続き方法

まず、「子の氏の変更許可申立書」を裁判所に提出し、審判を申し立てて氏変更の許可（変更許可審判書）を得ます。許可を得たら、家庭裁判所からもらえる審判書謄本と入籍届けを役所へ提出します。

なお、氏を変更した場合でも、子供は成人してからもう一度、自分で氏を選ぶ権利が与えられています。20歳になってから1年以内に申し立てをすれば、変更前の氏に戻ることができます。

✏️ 必要書類等

【家庭裁判所】
☐ 子の氏の変更許可申立書
☐ 子と父または母の戸籍謄本各1通

【市区町村役場】
☐ 入籍届
☐ 戸籍謄本（本籍地以外で提出する場合）
☐ 家庭裁判所の変更許可審判書
☐ 届出人の印鑑
☐ 身分証明書（運転免許証やパスポート等）

第10章 裁判所関係の手続き

106 成年後見人の選任

いつまでに 死亡後すみやかに（相続人・相続財産の確定ができしだい）
どこへ 家庭裁判所

相続人に判断能力がない場合は成年後見人を選ぶ

　相続人の中に認知症などで判断能力がない人がいる場合は、その人のために、家庭裁判所に後見開始の審判を申し立てて成年後見人を選任してもらい、遺産分割の話し合いに参加してもらうことになります。

　この場合、本人の同意は不要です。また、もし認知症状態の本人が自ら遺産分割を行ったときは、成年後見人はその遺産分割を取り消すことができます。

　なお、「保佐」「補助」の場合は、保佐人や補助人が遺産分割を代理するには、保佐（補助）開始の審判とは別に、遺産分割の代理権を保佐人（補助人）に付与する旨の審判が必要になります。

手続き方法

　家庭裁判所は、精神上の障害によって判断能力を欠く常況にある者については、「後見開始の審判」を、判断能力が著しく不十分な者については「保佐開始の審判」を、判断能力が不十分な者については「補助開始の審判」をすることができます。

　「後見開始の審判」とは、精神上の障害（認知症、知的障害、精神障害など）によって判断能力を欠く常況にある者（本人）を保護するための手続きです。

　家庭裁判所は、本人のために成年後見人を選任します。

　成年後見人は、本人の財産に関するすべての法律行為を本人に代わって行うことができます。また、成年後見人は、本人が自ら行った法律行為に関して、日常生活に関するものを除いて取り消すことができます。

　成年後見人の選任の申立人になれるのは、①本人（成年後見開始の審

判を受ける者)、②配偶者、③４親等内の親族、等です。

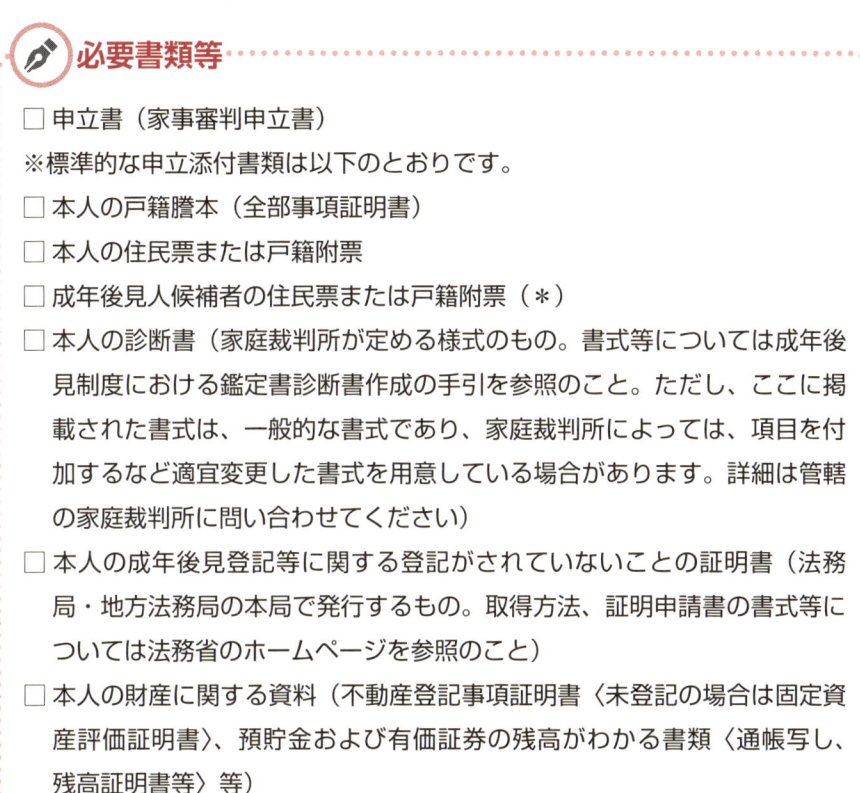

必要書類等

□ 申立書（家事審判申立書）
※標準的な申立添付書類は以下のとおりです。
□ 本人の戸籍謄本（全部事項証明書）
□ 本人の住民票または戸籍附票
□ 成年後見人候補者の住民票または戸籍附票（＊）
□ 本人の診断書（家庭裁判所が定める様式のもの。書式等については成年後見制度における鑑定書診断書作成の手引を参照のこと。ただし、ここに掲載された書式は、一般的な書式であり、家庭裁判所によっては、項目を付加するなど適宜変更した書式を用意している場合があります。詳細は管轄の家庭裁判所に問い合わせてください）
□ 本人の成年後見登記等に関する登記がされていないことの証明書（法務局・地方法務局の本局で発行するもの。取得方法、証明申請書の書式等については法務省のホームページを参照のこと）
□ 本人の財産に関する資料（不動産登記事項証明書〈未登記の場合は固定資産評価証明書〉、預貯金および有価証券の残高がわかる書類〈通帳写し、残高証明書等〉等）

（＊）成年後見人候補者が法人の場合には当該法人の商業登記簿謄本が必要です。

107 特別代理人の選任

いつまでに 死亡後すみやかに
どこへ 家庭裁判所

📄 父また母と未成年の子供が、同時に相続人になる場合

　父が死亡したときに、母と未成年の子が共同相続人となって遺産分割協議を行う場合など、親権者である父または母が、子供との間で利益が相反する行為（「利益相反行為」といいます）をすることがあります。

　そこで、子のために、家庭裁判所に「特別代理人選任申立て」を行います。特別代理人の選任申立ての際は遺産分割協議書案を作成し、添付することが必要です。

　また、特別代理人候補者として、当事者である相続人の親子との間で、利害関係のない第三者をあらかじめ申立書に記載することが必要です。

　特別代理人候補者には、相続人以外の親族でもなることができますが、最終的には家庭裁判所の判断で特別代理人が選任されます。

　なお、未成年者とその法定代理人の間や、同一の親権に属する子の間、未成年後見人と未成年者の間でも利益相反行為は起こり得ます。成年後見人と成年被後見人が同時に相続人となる場合も、当事者間の利益相反関係になるため、成年被後見人のために特別代理人の選任が必要となります。

✏️ 必要書類等

- 特別代理人選任の申立書
- 申立人（親権者）および未成年者の戸籍謄本
- 特別代理人候補者の住民票および戸籍謄本
- 被相続人の遺産を明らかにする資料（不動産登記事項証明書および固定資産評価証明書、預金残高証明書）
- 利益相反に関する資料（遺産分割協議書案など）

108 失踪宣告の申立て

いつまでに 死亡後すみやかに
どこへ 家庭裁判所

相続人の中に長期間、行方不明の人がいる場合

　不在者（従来の住所または居所を去り、容易に戻る見込みのない者）に関して、その生死が7年間明らかでないとき（普通失踪）、または戦争、船舶の沈没、震災などの死亡の原因となる危難に遭遇し、その危難が去った後、その生死が1年間明らかでないとき（特別失踪）は、家庭裁判所は申し立てにより、「失踪宣告」をすることができます。

　失踪宣告とは、生死不明の者に対して、法律上、死亡したものとみなす効果を生じさせる制度です。

　相続人の中で長期間にわたって生死不明の人がいる場合などは、この失踪宣告を利用することになります。

手続き方法

　利害関係人（不在者の配偶者、相続人にあたる者、財産管理人、受遺者など失踪宣告を求めるについての法律上の利害関係を有する者）が申立人となって、家庭裁判所に失踪宣告を申し立てます。

　失踪宣告が認められると、不在者の生死が不明になってから7年間が満了したとき（特別失踪の場合は危難が去ったとき）に死亡したものとみなされ、不在者（失踪者）についての相続が開始されます。

　不在者が婚姻をしていれば、死亡とみなされることにより、婚姻関係が解消します。

　申立人には戸籍法による届出義務があるので、審判が確定してから10日以内に、市区町村役場に失踪の届出をしなければなりません。届出には、審判書謄本と確定証明書が必要になるので、審判をした家庭裁判所に確定証明書の交付を申請してください。

届出は、不在者の本籍地または申立人の住所地の市区町村役場にしなければなりません。届出にあたっては、戸籍謄本などの提出を求められることがあるので、詳しくは届け出る市区町村役場に問い合わせてください。

必要書類等

- ☐ 申立書（家事審判申立書）
- ☐ 不在者の戸籍謄本（全部事項証明書）
- ☐ 不在者の戸籍附票
- ☐ 失踪を証する資料
- ☐ 申立人の利害関係を証する資料（親族関係であれば戸籍謄本〈全部事項証明書〉）

コラム　消えた高齢者の相続権

　子供のいない夫婦で夫が亡くなると、妻と故人の両親が相続人となります。両親が亡くなっているときには、直系尊属（＝祖父母）が相続人になります。ただし、この場合、年齢的に亡くなっていることが多いので戸籍で死亡の確認をするのですが、ごくまれに祖父母が戸籍上は死亡していないケースがあります。いわゆる"消えた高齢者問題"です。身体的に死亡していても、死亡届を出さないと戸籍上は亡くなったことにはなりません。

　「亡くなったまま年金受給」などというニュースを聞くこともあります。こんなときは、祖父母について失踪宣告の手続きをして法律上、死亡したことにしなければ相続人が確定できません。失踪宣告は、家庭裁判所で行うので時間もかかり、大変な手続きとなります。

索　引

あ行

ＩＣ乗車券の解約	137
遺産にかかる基礎控除額	197
遺産分割協議	30
遺産分割協議書	16,32,141
遺族基礎年金の請求	86
遺族給付	97
遺族共済年金の請求	90
遺族厚生年金の請求	95
遺族補償給付	97
遺留分	210
遺留分減殺請求	210
遺留分権者	210
医療費控除	193
印鑑証明カード	66
姻族関係終了届	60
運転免許証	111
衛星テレビ・ケーブルテレビの継続（解除）	123

か行

カードローンの取扱い	152
介護保険被保険者証	72
会社役員変更登記	108
改製原戸籍	18,49
改葬	62
改葬許可申請書	62
家屋の火災保険の名義変更	170
貸金庫の解約	144
貸付金	126
課税財産	20
家族埋葬料	91,93
株式の引継ぎ	156
寡婦年金の請求	87
借入金	126
簡易生命保険	167
簡易生命保険の手続き	167
簡易保険	167
換価分割	209
かんぽ	167
キャッシュカード	141
境界確定測量	185
共有	185
銀行等からの借入金の取扱い	150
クレジットカードの退会	118
軽自動車の名義変更	112
携帯電話の解約	122
県営住宅の契約の承継	175
健康保険証の返却	70,104
限定承認	33,36
検認	26
現物分割	209
公営ギャンブルの電話投票権の解約	153
高額介護サービス費の請求	85
高額療養費の請求	84
公共料金の引き落とし口座の変更	147
航空会社のマイレージの引継ぎ	131
後見開始の審判	212
公示地価	172
公正証書遺言	23,25
高齢者福祉サービス	76

217

国民健康保険……………………70	住民基本台帳カード………………67
互助会積立金の名義変更…………119	出資金の払戻し……………………145
個人事業の廃業届…………………194	準確定申告…………………………191
戸籍……………………………………18	障害者控除…………………………200
固定資産税納税者代表選定の届出…183	除籍…………………………………18,49
固定資産税評価額…………………172	所有権保存登記……………………182
固定電話の承継・解約……………120	所有権保存登記の申請……………182
子の氏の変更許可申立て…………211	シルバーパス………………………75
ゴルフ会員権の名義変更…………128	身体障害者手帳……………………77
	審判……………………………………38

さ行

債券の引継ぎ………………………156	森林法の届出…………………………79
裁判外での協議……………………209	成年後見人…………………………212
債務…………………………………126	生命保険の手続き…………………165
市営住宅の契約の承継……………175	世帯主変更届…………………………48
自社株式の名義変更………………107	葬祭給付（労災）……………………97
死体検案書……………………………43	葬祭費…………………………………92
実印……………………………………32	葬祭料（労災）………………………97
実勢価格……………………………172	相続・合併・分割による許可営業者の
失踪宣告……………………………215	地位承継届出書……………………64
自動車税……………………………115	相続税………………………………197
自動車の名義変更…………………112	相続税の計算………………………198
自動車保険の名義変更……………116	相続登記……………………………176
児童扶養手当…………………………55	相続登記の申請……………………176
児童扶養手当認定請求書……………55	相続放棄………………………………33
自賠責保険…………………………116	

た行

自筆証書遺言………………………23,25	代襲相続………………………………19
死亡一時金の請求……………………88	代償分割……………………………209
死亡診断書……………………………43	建物表示登記………………………180
死亡退職金…………………………103	建物表題登記………………………180
死亡届…………………………………43	建物表題登記の申請………………180
借地の名義変更……………………173	建物滅失登記の申請………………184
借家の名義変更……………………173	単元未満株…………………………160
ＪＡＦ会員証の返納………………132	単純承認………………………………33
住宅ローン…………………………154	団体信用保険（住宅ローン）……154
住民異動届……………………………48	団体弔慰金…………………………105

地積更正登記	186	法定相続人	18
弔慰金国債	164	法定相続人の数	197
調停	38	法定相続分	30
著作権の引継ぎ	125	保佐開始の審判	212
賃貸住宅の名義変更	174	補助開始の審判	212
抵当権抹消登記の申請	178	墓地の名義変更	117
鉄砲刀剣類の登録変更	80	本来財産	20
デパート会員証	129		
転籍	19		

ま行

投資信託等の引継ぎ	158
都営住宅の契約の承継	175
特別失踪	215
特別代理人	214
特許権の移転登録	124

埋葬費	93
埋葬料	91,93
マイナンバー	188
未支給年金の請求	89
未収配当金	162
未収配当金の受取り	162
未電子化株式	160
未登記家屋	179
未登記家屋の登録者名義の変更	179
みなし相続財産	20
もらい忘れ年金	89

な行

入院給付金の請求	169
任意保険	116
農地法の届出	78

や行

遺言執行者	205
遺言書	23
預貯金	141

は行

配当金領収書	162
パスポート	74
パソコン・インターネット会員の手続き	133
パチンコ貯玉カードの解約	135
原戸籍	49
被相続人	16
フィットネスクラブの退会手続き	130
復氏届	58
不在者	215
普通失踪	215
分筆	185
分筆登記	185
ボイド処理	69,74
法定相続情報証明制度	138

ら行

リース・レンタルサービスの解約・継続	136
利益相反行為	214
療育手帳	77
連帯保証	106
老人会会員証の返還	134
路線価	172

◎相続手続支援センターの一覧◎

(2015年8月1日現在)

地域	支部名	支店	〒	住所	電話番号
	東日本本部		160-0023	東京都新宿区西新宿6-16-6　タツミビル11F	03-3343-3261
	西日本本部		651-0085	兵庫県神戸市中央区八幡通4-2-18　郵船ロジ・福本ビル7F	078-251-2064
北海道東北	札幌		060-0003	北海道札幌市中央区北3条西2-2-1　日通札幌ビル8F	0120-750-279
	北海道		064-0808	北海道札幌市中央区南8条西4丁目422番地　GRAND PARK BLD	0120-116063
		千歳	066-0063	北海道千歳市幸町3丁目15番地　エレガンスビル3階	0123-24-0132
	仙台		980-0821	宮城県仙台市青葉区春日町7-32　パセオ8F	022-214-0335
	郡山		963-8023	福島県郡山市緑町16-1	024-922-1321
関東	茨城		310-0804	茨城県水戸市白梅4-1-25　すざくビル5F　502号室	029-291-5965
	宇都宮		321-0953	栃木県宇都宮市東宿郷3-2-3　カナメビル4F	028-634-5170
	群馬	高崎	370-0006	群馬県高崎市問屋町4-7-8　高橋税経ビル4F	027-363-5959
		前橋	371-0024	群馬県前橋市表町2-28-8	027-223-3446
	埼玉		330-0854	埼玉県さいたま市大宮区桜木町4-241-1　荒井ビル5F	0120-048-432
	千葉		260-0042	千葉県千葉市中央区椿森3-4-3-1F	043-287-3800
	日本橋		103-0027	東京都中央区日本橋3-4-14　八重洲N3ビル8F	0120-750-279
	城東		130-0012	東京都墨田区太平3-3-12　アドバンス喜月ビル3F	03-5819-0967
	三多摩		192-0081	東京都八王子市横山町9番20号　透1ビル5階	042-649-3951
	町田		194-0022	東京都町田市森野1-22-5　町田310五十子ビル3F	0800-888-4017
	川崎		215-0035	神奈川県川崎市麻生区黒川24番地	044-281-3314
		みなとみらい	220-8137	神奈川県横浜市西区みなとみらい2-2-1　横浜ランドマークタワー37F	045-263-9730
	横浜駅前		220-0004	神奈川県横浜市西区北幸2-3-19　日総第8ビル3F	0120-492-111
		川崎駅前	210-0004	神奈川県川崎市川崎区宮本町6-1　高木ビル3F	0120-810-111
	横浜		220-0037	神奈川県横浜市鶴見区向井町1-30-20	045-508-0135
	神奈川		226-0025	神奈川県横浜市緑区十日市場861-6	0120-978-640

		新横浜	222-0033	神奈川県横浜市港北区新横浜3-7-19	045-474-3039
	神奈川県央		242-0003	神奈川県大和市林間一丁目5-7	0120-371-540
中部	新潟	長岡	940-0083	新潟県長岡市宮原3-12-16	0258-35-3166
		新潟	950-0961	新潟県新潟市中央区東出来島6-13	025-280-9008
	富山		931-8435	富山県富山市小西（鶴ヶ丘町）116-1	076-452-2577
	石川		920-0364	石川県金沢市松島2丁目191　COMビル3F	076-269-8024
	福井		910-0006	福井県福井市中央2-3-18　稲澤ビル1F	0776-21-3550
	山梨		400-0124	山梨県甲斐市中下條906	055-277-9655
	東信		386-0005	長野県上田市古里692-2	0268-25-6789
	岐阜		505-0027	岐阜県美濃加茂市本郷町6-7-30	0574-27-7505
	静岡	沼津	410-0022	静岡県沼津市大岡877-6	0120-397-840
		静岡	422-8041	静岡県静岡市駿河区中田4-2-6　2F	054-287-0056
		浜松	430-0946	静岡県浜松市中区元城町219-21　浜松元城町第一ビルディング7F	053-543-6781
	安城		446-0056	愛知県安城市三河安城町一丁目10-3　マックビル2F	0566-91-5011
	名古屋	名古屋	453-0801	愛知県名古屋市中村区太閤1-22-13　恒川ビル3階	0120-13-4864
		岡崎	444-0051	愛知県岡崎市本町通1-12　サンアベニュービル3階	0564-24-5513
	中京		460-0003	愛知県名古屋市中区錦2-4-3　錦パークビル13F	0120-630-070
	三河		472-0035	愛知県知立市長田1-11	0566-83-3055
関西	三重		510-0244	三重県鈴鹿市白子町2926　パレンティーアオフィス101	059-388-6700
	滋賀		523-0893	滋賀県近江八幡市桜宮町294　YP-1 3F	0120-783-424
	京都		604-0886	京都府京都市中京区丸太町通東洞院東入関東屋町671	075-211-6677
	京都南		612-0807	京都府京都市伏見区深草稲荷中之町33番地　杉田センタービル	075-641-5705
	なにわ		550-0012	大阪府大阪市西区立売堀5-4-1　六甲立売堀ビル4F	0120-351-556
	大阪		532-0011	大阪府大阪市淀川区西中島7-1-26-707	0120-783-482
	近畿		561-8510	大阪府豊中市寺内2-13-3　日本経営ビル	0120-997-476
	南大阪		596-0045	大阪府岸和田市別所町1-22-15	072-447-7997
	阪神		664-0882	兵庫県伊丹市鈴原町9-334-17	072-784-7633
	和歌山		640-8341	和歌山県和歌山市黒田87番地の7	0120-947-745
中国	福山		721-0965	広島県福山市王子町1-2-24	084-926-7494
四国	香川		760-0062	香川県高松市塩上町3-1-1	087-834-0187
九州	長崎		852-8008	長崎県長崎市曙町4-9	0120-933-580

＜執筆者プロフィール＞

半田　貢（ハンダ　ミツグ）
東京本部・代表、全体を監修。中央大学卒。平成9年、社労士ネットワークを設立し、15年間運営し、平成13年に日常手続きから登記、税務申告までワンストップ対応する、相続手続支援センター設立。日本Ｍ＆Ａセンター（東証一部）前取締役。シグマジャパン株式会社代表取締役。

中村　修一（ナカムラ　シュウイチ）
名古屋支部・代表、編者。行政書士、ファイナンシャル・プランナー。株式会社相続手続支援センター名古屋、代表取締役。

青木　克博（アオキ　カツヒロ）
福井支部・代表、編者。行政書士、２級ＦＰ技能士。株式会社スタートアップ経営、代表取締役。

伊藤　えりこ（イトウ　エリコ）　名古屋支部・相談員。介護支援専門員。

井上　美恵子（イノウエ　ミエコ）　近畿支部・相談員。

紙屋　奈緒美（カミヤ　ナオミ）　本部・相談員。

佐藤　敦子（サトウ　アツコ）　埼玉支部・お客様相談室　室長。

新喜　章弘（シンキ　アキヒロ）　相続手続支援センター石川（金沢市）所長。

田島　友子（タジマ　トモコ）　静岡支部・相談員。

中澤　淳一（ナカザワ　ジュンイチ）　群馬支部・センター長。

宮野　純子（ミヤノ　ジュンコ）　仙台支部・相談員。ファイナンシャル・プランナー。

山口　浩司（ヤマグチ　コウジ）　兵庫支部・兵庫支部長。

山田　憲義（ヤマダ　ノリヨシ）　静岡支部・相談員。宅建士。

相続手続支援センター

北海道から九州まで全国に支部を展開し、5万件を超える相談実績を持つ相続業界の最大手。依頼者に対し『相続に関する手続をスムーズに行い、経済的な不利益及び心理的ストレス、そして争う相続（争続）を最小限にすることによって、家族のさらなる繁栄をサポートすること』を社会的使命としている。

士業が行わない預金や株式の解約から専門的な手続きまで、相続に関する手続きすべてをサポートする。連携する専門家の数は500名以上。全国各地で相続関連のセミナーを行い、生前準備の大切さを啓蒙している。著書に『絶対に失敗しない相続の手続き』（ビジネス教育出版社刊）がある。

身内が亡くなったときの届出と相続手続き

2015年9月10日　初版発行
2017年7月10日　第5刷発行

編著者　相続手続支援センター　©Souzokutetsuzukisiencenter 2015
発行者　吉田啓二
発行所　株式会社 日本実業出版社　東京都新宿区市谷本村町3-29 〒162-0845
　　　　　　　　　　　　　　　　　大阪市北区西天満6-8-1 〒530-0047
　　　　編集部　☎03-3268-5651
　　　　営業部　☎03-3268-5161　振替 00170-1-25349
　　　　　　　　　　　　　　　　　http://www.njg.co.jp/

印刷／厚徳社　　製本／若林製本

この本の内容についてのお問合せは、書面かFAX（03-3268-0832）にてお願い致します。
落丁・乱丁本は、送料小社負担にて、お取り替え致します。

ISBN 978-4-534-05311-4　Printed in JAPAN

読みやすく・わかりやすい日本実業出版社の本

最新版 大家さんのための
アパート・マンション経営の資金と税金でトクする法

富山　さつき
定価 本体1600円（税別）

大家さん向けに、建築資金の調達方法や青色申告のポイント、節税対策などを解説したロングセラーの最新版。2015年1月から適用された相続税・贈与税の改正に対応した、トクする情報が満載。

失敗しない不動産の相続

阿藤　芳明
定価 本体1600円（税別）

土地・建物の相続で"もめない"方法について、図も用いてわかりやすく解説する決定版！　生前の不動産整理から土地の分割、節税対策などまで、円満に財産を引き継ぐための方法がわかります。

最新版
相続・贈与かしこい節税の実際

小池　正明
定価 本体1800円（税別）

2015年1月施行の改正に対応したロングセラーの最新版。相続税・贈与税のしくみから遺産の分け方・もらい方、財産の評価、申告・納税のやり方、節税ポイントまでをわかりやすく解説しました。

節税だけでは本当の対策にはならない！
不動産のプロが教える究極の相続対策

浦田　健
定価 本体1500円（税別）

相続財産の7割を占めると言われるのが不動産。本書では、不動産コンサルティングの第一人者が、税理士は絶対に教えてくれない、相続に備えながら不動産を有効活用する手法を紹介します。

定価変更の場合はご了承ください。